교회는 이긴다 3

옥한흠

교회는 이긴다

사도행전 16-28장 **3**

40대 옥한흠 목사의 육성으로 듣는 사도행전

국제제자훈련원

故 옥한흠 목사님을 기리며

영혼의 옷자락에 새겨진 복음

2년 전 이맘때 태풍 콘파스가 한반도에 상륙하여 서울을 강타하던 날 아침, 옥 목사님은 그 세찬 바람결 속에서 하나님의 부르심을 받으셨습니다. 달리는 자동차 안에서 그 소식을 접하는 순간 제 머릿속에서는 옥 목사님과 불병거를 타고 회오리바람에 휩쓸려 승천하던 엘리야의 모습이 오버랩되었습니다.

저는 갑작스럽게 하나님의 부르심을 받은 옥 목사님을 그리며 「국민일보」에 "옥 목사님이 남기고 간 겉옷"이라는 추모의 글을 쓴 바 있습니다. 엘리야가 남기고 간 겉옷을 붙들었던 제자 엘리사의 삶과 사역 가운데 엘리야의 영감이 갑절로 임했던 것처럼 옥 목사님을 사랑하며 그분을 따랐던 이 시대의 엘리사들에게도 동일한 은혜가 나타나기를 바라는 글이었습니다. 저는 사랑의교회를 필두로 한국기독교목회자협의회, 교회갱신협의회, 국제제자훈련원을 옥 목사님이 남기고 간 겉옷으로 해석하며 "당신의 성령이 하시는 역사가 갑절이나 내게 있게 하소서"(왕하 2:9)라는 엘리사의 기원이 그를 참으로 존경하고 따르는 이 시대의 엘리사들의 기도가 되기를 간절히 염원했습니다.

그러던 차에 옥 목사님 추모 2주기를 맞이하여 그분이 남기고 간 또 다른 옷자락을 만질 수 있다는 것은 얼마나 벅찬 감동이며 행복인지요? 여기, 그가 40대 청년목사였던 시기에 수요 강단에서 선포하셨던 영혼의 옷자락이 우리에게 유산으로 남아 있습니다. 당시는 옥 목사님이 서초동에 사랑의교회를 개척하고 사도들의 정신을 이어받은 참된 교회를 향한 복음의 열정으로 활활 타오르던 시기였습니다. 카랑카랑한 목소리로 사자후를 토했던 목사님의 설교를 직접 들었던 성도들뿐 아니라 그의 정신을 이어 그가 걸었던 예수 광인의 길을 따르고자 열망하는 저 같은 사람에게는 어느 무엇과도 바꿀 수 없는 값진 선물입니다. 우리는 그의 영혼의 옷자락 위에 새겨진 사도행전의 말씀을 통해 복음의 진수를 새롭게 만나며 그가 꿈꾸던 예수 그리스도의 교회의 원형을 발견하게 됩니다.

그는 사도행전 강해를 통해 스스로 사랑의교회 사랑행전의 사역자 옥한흠 바울이 되었고 그분이 사랑행전의 역사 속에서 일구어 낸 교회의 패러다임은 새 시대가 요구하는 참교회의 모형이 되어 제자훈련을 통해 수많은 사도행전의 역사를 재생산하는 역사로

이어졌습니다. 한 목회자의 삶과 사역 속에 2,000년 전 예루살렘을 중심으로 불타올랐던 복음의 역사가 재현되어 나타났다는 것은 얼마나 감사하고 경이로운 일입니까!

저는 옥한흠 목사님이 우리 시대 속에 남긴 가장 큰 유산은 그의 삶과 사역 가운데 예수 그리스도의 복음의 역사가 축소되지 않고 반복되어 나타난 것이라고 믿습니다. 그는 이 지상의 삶을 마치고 하나님의 품에 안겼지만 그의 삶은 과거에 속한 삶이 아니라 예수 그리스도의 복음 역사와 함께 영원히 미래에 속한 삶으로 남았습니다. 이러한 의미에서 사랑행전을 통해서 계승된 복음의 역사는 또 다른 행전으로 계승되어 영원히 새로운 미래를 창출해 갈 것입니다.

저는 소위 에큐메니컬 진영에 속한 목회자로서 복음주의 진영에 속한 옥한흠이라는 거장을 만나 복음행전의 대열에 본격적으로 뛰어든 사람입니다. 그는 제 목회 인생의 멘토였고 지금 제가 참여하고 있는 예원행전의 멘토였습니다. 목포 땅에 예원교회를 개척한 것은 그의 조언과 격려 가운데 이루어졌습니다. 이 땅 위에는 저처럼 직간접으로 그의 영향을 받고 또 다른 사도행전 역사의 대열에 참여하고 있는 많은 엘리사들이 있습니다. 사도행전적 복음의 정신을 이어가고자 하는 예수 광인의 후예들입니다. 예수 광인의 후예들이 꿈꾸는 미래는 무엇입니까? 그것은 옥한흠 목사님처럼 우리의 삶과 사역에서 예수 그리스도 복음의 역사가 반복되어 나타나도록 기도하고 열망하는 것이 아니고 무엇이겠습니까?

광인의 후예들에게 들려주는 옥 목사님의 사랑의 권고를 직접 들어봅니다. "영적 전쟁에서 승리하려면 바울처럼 떨어야 합니다. 겸손해야 합니다. 성령이 우리를 통하여 마음껏 일하실 수 있도록 내려놓아야 합니다. 마음을 비워야 합니다. 오직 주님만 바라보아야 합니다. 부들부들 떨어야 합니다. 교만의 머리를 쳐들지 말아야 합니다. 성경을 많이 안다고, 신앙의 경력이 많다고, 말을 잘한다고 머리 들지 맙시다. 성령의 역사는 약하고 두려워하고 심히 떠는 자를 통해 일어납니다."

옥한흠 목사님은 사도들의 바통을 이어받아 사랑행전의 사명을 완성하고 하나님의 부르심을 받았습니다. 그가 달려 왔던 사랑행전의 길은 주 예수께 받은 사명 곧 하나님 은혜의 복음을 증언하는 일을 위해 생명까지도 조금도 귀한 것으로 여기지 않았던(행 20:24), 주님을 위해 철저히 헌신한 삶이었습니다. 로마를 복음의 능력으로 이기고 승리했던 바울처럼 "복음은 승리한다"는 믿음을 마지막 순간까지 놓지 않은 삶이었습니다.

옥 목사님은 예수 그리스도를 믿고 따르는 우리를 "바울로부터 복음을 받은 그의 후예들"이라고 말하고 있습니다. 그리고 "우리는 바울이 걸어간 그 길을 이어 달리며 오늘의 사도행전을 써야 하는 주인공들이기도 하다"고 말하고 있습니다. 『교회는 이긴다』를 읽는 독자들을 통해 사도행전의 길을 이어 달리는 역사가 새롭게 불타오르게 되기를 간절히 소망합니다. 아울러 이 책 한 권에 담긴 사도행전의 영성이 다시 한 번 한국 교회를 깨우는 옥 목사님의 뜨거운 외침이 되기를 소원하며 그를 그리워하는 마음으로 이 글을 마칩니다.

2012년 8월

김원배 목사(한목협 상임회장, 예원교회 담임)

차례

故 옥한흠 목사님을 기리며　　영혼의 옷자락에 새겨진 복음　　　　　　　5

사도행전 16장　　63　바울을 따라 복음에 참여하다　　　　　　　15
　　　　　　　　　　64　바울의 길을 성령이 막으시다　　　　　　　23
　　　　　　　　　　65　복음이 유럽으로 넘어가다　　　　　　　　30
　　　　　　　　　　66　점치는 귀신 들린 여종을 만나다　　　　　41

사도행전 17장　　67　간절한 마음으로 말씀을 받다　　　　　　55
　　　　　　　　　　68　철학자의 도시에서 변론하다　　　　　　　66

사도행전 18장　　69　영적으로 캄캄한 도시에서 위로를 받다　　83
　　　　　　　　　　70　고린도 선교가 대성공을 거둔 이유　　　　93
　　　　　　　　　　71　지도자 바울의 진면목　　　　　　　　　　103

사도행전 19장　　72　예수 믿는 것과 성령 믿는 것　　　　　　117
　　　　　　　　　　73　두란노 서원에서 하나님 나라를 말하다　　129

사도행전 20장　　74　로마를 향한 직로를 막으시다　　　　　　141
　　　　　　　　　　75　에베소를 향한 바울의 고별 설교　　　　　150
　　　　　　　　　　76　자신의 목회를 돌아보다　　　　　　　　　157
　　　　　　　　　　77　에베소 교회를 말씀에 맡기다　　　　　　166

사도행전 21장	78 바울의 각오, 제자들의 승복	179
79 예루살렘에 입성하다	190
80 교회의 평화를 위해 고집을 꺾다	202

| 사도행전 22장 | 81 부형들아 들으라 | 217 |

| 사도행전 24장 | 82 벨릭스 총독 앞에 서다 | 229 |

| 사도행전 26장 | 83 아그립바 왕 앞에 서다 | 243 |

| 사도행전 27장 | 84 조난을 당하다 | 259 |

| 사도행전 28장 | 85 멜리데섬에서 전도하다 | 275 |
| 86 로마에 울려 퍼진 복음의 나팔 | 286 |

사도행전 16장

63 바울을 따라 복음에 참여하다

**바울이 그를 데리고 떠나고자 할새 그 지역에 있는 유대인으로 말미암아 그를
데려다가 할례를 행하니 이는 그 사람들이 그의 아버지는 헬라인인 줄 다 앎이러라**
_ 사도행전 16:3

    바울이 2차 전도 여행을 시작하며 더베와 루스드라를 다시 방문했습니다. 더베와 루스드라가 어떤 지역입니까? 1차 전도 여행 때 걷지 못하는 자를 일으킨 이적 때문에 신으로 추앙받을 뻔하다가 복음을 전한다는 이유로 돌에 맞아 성 밖으로 버려진 경험을 한 곳입니다.
    이곳을 다시 찾은 바울은 놀라지 않을 수 없었습니다. 그렇게 힘들게 뿌린 씨앗이 자라나 교회라는 열매를 맺고 있는 모습을 본 것입니다. 전도자에게 아마 이것만큼 뿌듯하고 감격스러운 일은 없을 것입니다.

안식년을 맞아 귀국한 선교사들 중에는 몇 달 지나지 않아 다시 선교지로 돌아가고 싶어 못 견디는 분들이 있습니다. 국내에서 좀 편히 쉴 수 있는데도 굳이 마다하고 선교지로 속히 돌아가려고 합니다. 그동안 뿌려 놓은 복음의 씨앗들이 잘 자라고 있는지, 땀과 눈물로 키운 교회가 제대로 성장하고 있는지에 온통 마음이 가 있기 때문입니다.

바울은 혹독한 박해를 받으며 전도한 지역에 교회가 자라고 있다는 것만으로도 감격스러웠지만, 또 하나 그를 감동시킨 것이 있었습니다. 더베와 루스드라를 처음 방문했을 때만 해도 소년이었던 디모데가 어느덧 스물을 갓 넘긴 청년이 되어 있었던 것입니다. 바울이 디모데를 보니까 무척이나 마음에 들었습니다. 그래서 전도자가 되기에는 아직 나이가 어리다는 것도, 그가 할례를 받지 않은 남자라는 것도 아랑곳하지 않고, 무조건 자기 사람으로 끌어들였습니다.

하나님 나라의 계승자

하나님 나라의 일은 한 사람으로 완성되지 않습니다. 계승되어야 합니다. 그러려면 후계자들이 계속 자라나야겠지요. 그러니 좋은 인재가 있으면 값을 묻지 말고 데려와 키워야 합니다. 디모데처럼 비록 나이는 어리지만 그 인격이나 신앙이 돋보이는 젊은이가 복음을 위해 헌신하겠다고 하면 교회가 키워 주어야지요.

지금 한국 교회가 겪는 문제 중의 하나가 인재를 키우지 않는다는 것입니다. 인재나 후배를 아낄 줄 모르는 이런 잔인한 풍토는 아마 세계 어느 나라에도 비길 데가 없을 것입니다. 한 사람의 먼 장래를 내다보고 5년, 10년씩, 그야말로 불평 없이 투자할 만한 그런 인내심을 가진 교회가 얼마나 될까요? 사역자가 소신껏 일할 수 있도록 믿고 기다려 주며 최선의 배려를 베푸는 교회가 얼마나 될까요?

덩치로는 세계가 인정하는 한국 교회지만 인재다운 인재가 어디 있습니까? 신학자다운 신학자가 얼마나 있으며, 설교자다운 설교자가 몇이나 됩니까? 도무지 키워 놓지를 않아서 그런 것입니다. 인재가 자랄 수 있도록 교회가 밑거름이 되어 주지 않았습니다. 젊은이가 똑똑해서 무얼 좀 하려고 하면 기성세대에 대한 반발이나 대항으로 생각하고는 정치적으로 눌러 버리고, 실력을 갈고 닦을 수 있도록 도와주지 않는 것이 현실입니다. 우리에게는 인재를 발견할 줄 아는 눈도 필요하고, 한번 인정했으면 끝까지 믿어 줄 줄 아는 신뢰도 필요합니다. 바울과 디모데를 보십시오. 바울은 일평생 디모데를 믿고 지지해 주었고 디모데도 바울을 떠나지 않았습니다.

영국의 어느 조그마한 마을에 교회가 하나 있었는데 1년간 열심히 전도하고 목회를 했는데도 구원 받은 사람이 단 한 명뿐이었다고 합니다. 그것도 10대 소년이었답니다. 목사는 큰 실의에 빠져 "원, 세상에 이렇게 무력한 목회를 해가지고 내가 어떻게 주님 앞에 설 수 있을까?" 하며 탄식했다고 합니다.

그런데 이 교회를 통해 예수를 믿게 된 그 소년이 누구인 줄 아십니까? 바로 아프리카 선교의 터를 닦은 로버트 모파트(Robert

Moffat, 1795-1883)였습니다. 그는 인종 차별이 심한 남아프리카공화국에 들어가 복음을 전한 최초의 선교사입니다. 그의 사위 역시 아프리카 선교에 헌신한 선교사로 영국이 자랑하는 데이비드 리빙스턴(David Livingstone, 1813-1873) 선교사입니다. 리빙스턴을 키운 사람이 바로 모파트였지요. 그러니 보세요, 비록 어린 소년 하나가 돌아온 것이지만 그가 자라서 하나님의 나라를 위해 얼마나 위대한 일을 했는지를 말입니다. 사람이 많다고 모두 하나님 나라의 일꾼인 것은 아닙니다. 주님의 손에 붙들린 소수의 사람이 결정적인 역할을 한다는 것을 꼭 기억합시다.

젊은이들을 눈여겨봅시다. 그들과 대화도 자주 못 나누고 또 깊이 교제할 기회가 없더라도 결코 그들을 무심하게 보아 넘기지 말아야 하겠습니다. 지금 교회 안에서 어떤 사람이 자라고 있는지 알 수 없습니다. 지금 하나님께서 누구를 향해 어떤 계획을 품고 계시는지는 우리가 알 수 없지만 분명 교회를 통해 하나님 나라의 재목감을 키우고 계시리라 확신합니다.

디모데를 키운 8할

디모데는 유대인 어머니의 영향을 받아 어릴 때부터 성경을 알았습니다. 바울이 목회 초년생 디모데에게 이렇게 권면한 것을 보면 알 수 있습니다.

"그러나 너는 배우고 확신한 일에 거하라 너는 네가 누구에게서 배운 것을 알며 또 어려서부터 성경을 알았나니 성경은 능히 너로 하여금 그리스도 예수 안에 있는 믿음으로 말미암아 구원에 이르는 지혜가 있게 하느니라"(딤후 3:14-15).

어머니의 신앙이 자녀에게 미치는 영향력이 얼마나 대단한지요. 신앙적인 면에서 아버지의 영향을 받았다는 사람은 별로 보지 못했습니다. 대부분 어머니의 영향을 받습니다. 그러니 지금 자녀를 기르고 있는 어머니들이 얼마나 위대한 일을 하고 있습니까!

유대교 전통을 따라 성경을 배운 디모데가 어떻게 예수를 믿고 복음 사역에 헌신하게 되었는지에 대해서는 전혀 기록이 없습니다. 그래서 어떤 학자들은 이렇게 추측합니다.

"디모데의 중생이야말로 부지불식간에 일어난 중생이다. 헬라인이었던 아버지를 일찍 여읜 디모데는 유대인인 외조모 로이스와 어머니 유니게 밑에서 자라 어릴 때부터 성경을 배웠을 것이다. 로이스와 유니게는 바울의 전도로 예수를 믿게 된 경건한 부인들로 '거짓이 없는 믿음'을 가진 자들이었다(딤후 1:5 참조). 디모데는 이런 분위기 속에서 자연스럽게 복음을 받아들였기 때문에 어떤 큰 변화나 결정적인 계기가 없이도 영적으로 거듭날 수 있었을 것이다."

디모데는 이렇게 특별한 체험 없이도 철저한 믿음과 헌신의 사람이 될 수 있었고, 그의 삶에는 하나님께 받은 뜨거운 소명이 절절히 배어 있습니다.

"나의 교훈과 행실과 의향과 믿음과 오래 참음과 사랑과 인내와 박해를 받음과 고난과 또한 안디옥과 이고니온과 루스드라에서 당한 일과 어떠한 박해를 받은 것을 네가 과연 보고 알았거니와 주께서 이 모든 것 가운데서 나를 건지셨느니라 무릇 그리스도 예수 안에서 경건하게 살고자 하는 자는 박해를 받으리라"(딤후 3:10-12).

십대 시절 디모데는 바울이 고난당하는 것을 보고 자랐습니다. 바울이 낯선 땅에 와서 복음을 전하다가 어떤 핍박을 받고 죽을 고비를 넘기며 교회를 세웠는지 다 보았다는 말입니다.

"네가 다 보지 않았느냐? 그 가운데서 복음이 어떻게 뿌려지고 자라났는지도 네가 다 보지 않았느냐? 또한 주께서 이 모든 박해 가운데서 나를 건지셨다는 것도 네가 알지 않느냐?"

바울은 여기서 그치지 않고 디모데에게 그리스도 예수 안에서 경건하게 살고자 하면 박해를 받을 것이라고 단언합니다. 그러니 디모데가 "나도 바울처럼 복음을 위해 살겠다"고 다짐하며 마냥 그 길이 평안하리라 기대하지는 않았을 것입니다. 남에게 대접받고 칭찬받는 인생은 꿈도 꾸지 않았을 것입니다. 오히려 언젠가는 자신도 바울처럼 돌멩이에 맞을 것이요, 갖은 위협과 고난에 희생당할 수도 있다는 각오를 했을 것입니다.

복음에 참여한다는 것

바울은 디모데를 데리고 떠나기에 앞서 그에게 할례를 행했습니다. 평소의 바울 같으면 하지 않을 행동이어서 이 대목은 잘 이해가 되지 않습니다. 구원은 할례나 율법 준수가 아니라 오직 믿음으로 받는다는 주장으로 유대인들의 반감을 샀던 바울이 아닙니까? 이 진리를 위해 목숨까지 걸고 싸우던 바울인데 왜 갑자기 자신의 제자에게 할례를 행한 것일까요?

"바울이 그를 데리고 떠나고자 할새 그 지역에 있는 유대인으로 말미암아 그를 데려다가 할례를 행하니 이는 그 사람들이 그의 아버지는 헬라인인 줄 다 앎이러라"(16:3).

이것은 아직 복음을 알지 못하는 유대인들을 의식해서 한 행동입니다. 하나님의 일꾼은 믿음이 약한 형제들을 배려하기 위해 종종 하지 않아도 되는 일을 해야 할 때가 있습니다. 또 전도의 문을 넓히기 위해 때로는 자기 소신을 굽히고 마음에 없는 일을 하게 될 때도 있습니다.

"내가 모든 사람에게서 자유로우나 스스로 모든 사람에게 종이 된 것은 더 많은 사람을 얻고자 함이라…내가 여러 사람에게 여러 모습이 된 것은 아무쪼록 몇 사람이라도 구원하고자 함이니 내가 복음을 위하여 모든 것을 행함은 복음에 참여하고자 함이라"(고전 9:19-23).

바울은 자유인이었습니다. 타인이 원하는 대로 해줘야 할 의무가 전혀 없는 사람이었습니다. 그런데도 바울은 스스로 모든 사람에게 종이 된다고 말합니다. 유대인들이 꼭 할례를 행해야 한다고 주장하니까 할례를 행하고, 유대인들이 꼭 안식일을 지켜야 된다고 하니까 그들과 함께 있을 때는 안식일도 지켰습니다. 마치 율법 아래 있는 자처럼 행동했습니다. 단 한 명이라도 더 복음을 듣게 하려고 그랬던 것입니다.

디모데는 할례와 무관한 헬라인 자손입니다. 비록 어머니가 유대인이긴 하지만 어린 자녀에게 할례를 고집하지는 않았던 것 같습니다. 그런데 이제 바울을 따라 복음 전도자로 나서려니 할례 문제가 걸린 것입니다. 예수 믿고 구원받은 디모데에게 할례는 받아도 그만, 안 받아도 그만이지만 아직 복음을 모르는 유대인들에게는 할례가 대단히 중요한 문제였습니다. 무할례자라고 하면 아예 마음 문을 닫고 복음을 듣지 않으려 할 수도 있기 때문에 바울은 차라리 디모데에게 할례를 행하는 것이 낫다고 판단했을 것입니다.

자기 마음에 있는 일만 하는 것이 꼭 바람직하다고 할 수는 없습니다. 비록 그것이 내가 싫어하는 일이라 할지라도 죄가 아니고 형제들에게 유익이 된다면 기꺼이 따라 주는 것이 그리스도인다운 모습입니다. 내가 원하지 않는 일은 절대 하지 않겠다는 태도는 이기주의 아닙니까? 교회에 덕이 된다면 자신의 소신을 굽힐 줄 아는 것이 교회와 성도를 사랑하는 길입니다.

64 바울의 길을 성령이 막으시다

성령이 아시아에서 말씀을 전하지 못하게 하시거늘 그들이
브루기아와 갈라디아 땅으로 다녀가 무시아 앞에 이르러
비두니아로 가고자 애쓰되 예수의 영이 허락하지 아니하시는지라
_ 사도행전 16:6-7

"하나님의 말씀이 점점 왕성하여 예루살렘에 있는 제자의 수가 더 심히 많아지고 허다한 제사장의 무리도 이 도에 복종하니라"(6:7).

"그리하여 온 유대와 갈릴리와 사마리아 교회가 평안하여 든든히 서 가고 주를 경외함과 성령의 위로로 진행하여 수가 더 많아지니라"(9:31).

"이에 여러 교회가 믿음이 더 굳건해지고 수가 날마다 늘어가니라"(16:5).

사도행전상에서 바울은 이러한 결론적인 말을 자주 합니다. 6장에서 예루살렘 교회에 대하여 말한 다음, 9장에 이르러 유대나라와 갈릴리와 사마리아 지역에서의 사역이 마무리된 것처럼 결론을 남기고, 16장에 와서는 아시아 지역에서의 선교 사역이 어느 정도 마무리되었다고 결론짓습니다. 한 지역을 마무리 지은 것입니다.

사도행전에 나타난 이와 같은 결론적인 말씀을 보면 성경은 교회의 질만 이야기하지 않습니다. 질적으로 든든히 서 가는 동시에 양적으로도 불어나는 사실을 꼭 지적합니다. 꼭 질과 양을 같이 표현합니다.

하나님 나라의 부흥에 있어 질적인 것과 양적인 것, 내적인 것과 외적인 것은 빼놓을 수 없는 두 가지 요소입니다. 질이 좋습니까? 양이 반드시 따라옵니다. 양이 좋습니까? 질이 반드시 따라옵니다. 양적으로 전혀 늘어나지 않는데 질만 좋은 교회가 있습니까? 또는 질적인 면은 좋은데 양적으로 늘지 않는 교회가 있습니까? 성경을 너무 모르고 하는 소리입니다.

그렇다면 '질이 좋다'는 것은 무엇을 의미합니까? 16장 5절 말씀처럼 '믿음이 더 굳건해'진다는 말입니다. 하나님의 진리의 말씀을 전적으로 신뢰하는 신앙의 도가 약하지 않고 튼튼하다는 말입니다. 이것은 하나님의 말씀을 배우고 깨닫는 것이 계속 축적될 때 일어나는 일입니다. 자연적으로 나타나는 일이 아닙니다.

"여러 성으로 다녀 갈 때에 예루살렘에 있는 사도와 장로들이 작정한 규례를 그들에게 주어 지키게 하니"(16:4).

"우상의 제물과 피와 목매어 죽인 것과 음행을 멀리할지니라 이에 스스로 삼가면 잘되리라…"(15:29).

바울이 여러 교회를 다니면서 가르치고 격려할 당시 이미 예루살렘 총회에서는 몇 가지 중요한 원칙을 정해 놓았습니다. 성경에서는 '작정한 규례'라고 표현하고 있습니다. 우상의 제물과 피와 목 매어 죽인 것은 먹지 말고, 음행하지 말고 등 몇 가지 정해 놓고 지키라고 했습니다. 바울이 이방 교회를 다니면서 이 규례를 가르칠 때 이제까지 아무 가책 없이 먹던 사람들이 갑자기 그것을 실천하려 하니 얼마나 어려움이 많았겠습니까? 그러나 바울은 교회에 철저히 가르쳐 주었습니다. 교리를 적당히 양보해 가면서 가르치지 않았습니다. 오늘날 교회에서 사람들이 듣기 싫어하는 것, 딱딱한 것, 사람들에게 별로 즐거운 마음을 주지 않는 교리 같은 것은 가급적이면 말하지 아니하고 사람들이 즐기고 좋아하는 그런 메시지만 전하는 것과 비교되지 않습니까? 바울은 그런 얄팍한 행동은 하지 않았습니다. 교리를 값싸게 팔아넘기고 사람들이 좋아하는 메시지만 전하지 않았습니다. 그런 철저한 가르침에도 교회는 점점 부흥했습니다. 하나님 말씀의 능력입니다.

바울의 유럽행

소아시아의 교회들이 부흥하자 바울은 소아시아 북부로 가려는 계획을 세웠습니다. 그런데 이 길을 성령이 막았습니다.

"성령이 아시아에서 말씀을 전하지 못하게 하시거늘 그들이 브루기아와 갈라디아 땅으로 다녀가 무시아 앞에 이르러 비두니아로 가고자 애쓰되 예수의 영이 허락하지 아니하시는지라"(16:6-7).

성령이 '말씀을 전하지 못하게' 했다고 합니다. 전도를 못 하도록 막은 것입니다. 이럴 때도 있나요? 이럴 때도 있습니다. 그렇다면 왜 막았을까요? 아마도 하나님 보시기에 이제 소아시아는 바울이 다니며 전도하지 않아도 교회를 통해 자연적으로 복음이 퍼져 나갈 만큼 성장했기 때문인 것 같습니다. 그래서 복음이 더 필요한 곳으로 바울을 강제로 이끌어 가신 것입니다. 바울은 성령의 인도를 받아 유럽으로 넘어갔습니다.

바울의 유럽행을 보며 이런 궁금증이 생깁니다. 어떤 중대한 결정을 내려야 할 때 하나님의 뜻을 어떻게 분별할 수 있을까 하는 것입니다. 또 그것이 성령이 '하지 말라'고 하신 것인지 사탄의 방해인지 어떻게 구별할 수 있을까요?

바울은 성령이 허락하는 것과 허락하지 않는 것을 구별했고, 사탄이 훼방하는 것도 분명히 알았습니다.

"그러므로 나 바울은 한번 두번 너희에게 가고자 하였으나 사탄이 우리를 막았도다"(살전 2:18).

사도행전 21장에서 예루살렘에 올라갈 때도 마찬가지였습니다. 바울의 내면에서는 성령이 '예루살렘으로 가라'고 가르쳐 주시는데, 성령의 감동을 받았다고 하는 형제들은 '거기 가면 결박당하고 이방인의 손에 넘겨질 테니 가지 말라'고 울며불며 야단이었습니다. 바울은 그들의 말을 듣지 않고 '죽을 각오를 하고 가겠다'며 고집했습니다. 바울을 사랑하는 사람들의 입을 빌려 사탄이 자신이 가야 할 길을 막는 줄 알았기 때문입니다.

사탄의 방해냐 성령의 저지냐

사실 사탄의 훼방은 눈치 채기 쉽습니다. 사탄은 주로 외부적인 상황을 이용해서 방해합니다. 내면에 성령이 인도하신다는 확신과 평안이 있는데 외적으로 자꾸 가로막는 일이나 반대하는 목소리가 있습니까? 그러면 십중팔구 사탄의 역사입니다. 기도하는 사람, 말씀 안에 거하는 사람이라면 이 정도는 금방 알 수 있습니다.

사실 분별하기 어려운 것은 성령이 막으실 때입니다. 바울의 경우, 아시아 북부로 가서 전도하겠다는 계획은 결코 나쁜 것이 아닙니다. 복음을 모르는 곳에 가서 전도하는 것은 하나님의 뜻에 합당한 일이니까요. 그런데 마음에 확신이 서지 않고, 평안이 없고, 노력에 비해 도무지 결과가 신통치 않다 할 때는 하나님께서 막는 것으로 보면 좋습니다.

내적으로 '해야 된다'는 확신을 도무지 갖지 못할 때, 그때가 성령이 막으시는 때가 아닌가 생각합니다. 그럴 때는 자꾸 불안하고 자신감이 없어지고 왠지 하나님 뜻에 일치하지 않는 것 같고, 아무것도 할 수 없을 것 같은 그런 답답한 마음이 들기도 합니다. 이런 경우 사탄의 시험이라기보다 내 안에 거하시는 성령께서 그 일을 하지 않도록 몰고 가신다는 결론을 내릴 때가 많습니다. 이것이 공식이라고 단정할 수는 없습니다만 제 경우는 종종 그랬습니다.

어느 선교사가 어느 지역에 파송되어 수년 동안 전도를 했는데 도무지 열매가 보이지 않았다고 합니다. 그렇게 고생만 하다가 결국은 포기하지 않으면 안 될 지경에 이르러 선교지를 옮기게 되었습니다. 그런데 지역을 옮기고 나서부터 사역의 열매가 풍성하게 나타나기 시작했다고 합니다. 이런 경험을 하고 지난 세월을 돌이켜보며 그는 스스로 이런 결론을 내렸습니다.

"아, 내가 처음에 들어간 지역은 하나님이 허락하시지 않은 곳인데 내 욕심으로 들어간 거였구나. 지금 사역하는 이곳은 하나님께서 처음부터 원하셨는데 내가 싫어서 선택하지 않은 곳이었어. 그래서 수년 동안 아까운 시간만 허비했구나!"

교회를 개척하는 목사도 마찬가지입니다. 어느 지역에 교회를 개척했는데 성도는 모이지 않고 계속 시험과 어려운 일만 생깁니다. 하나님의 일을 하면서 기도하지 않은 것도 아니고 노력하지 않은 것도 아닌데 말입니다. 그럴 때는 성령이 허락하시지 않은 일을 사람의 욕심으로 하려고 한 것은 아닌지, 그래서 하나님이 막으시는 것이 아닌지 생각해 보아야 합니다. 만약 그 어려움들이 사탄이 훼방하는 것이라면 왜 하나님이 도와주시지 않겠습니까? 하나님이 실패하실 분입니까? 우리가 하나님의 뜻대로 움직이려고 하는데 계속 사탄에게 몰리게 놔두시겠습니까? 그렇지 않습니다.

성령이 주시는 열매

🔊 저는 성령이 허락하시는 일은 형통한다고 확신합니다. 성령이 하시는 일에 하나님의 축복이 따르는 것이 정상입니다. 그렇게 혹독한 핍박과 시련 속에서도 바울의 사역과 열매가 풍성했던 이유가 무엇입니까? 성령이 이끄신 일이기 때문입니다.

소아시아에서는 성령이 더는 전도하지 못하게 하셨기 때문에 바울이 브루기아와 갈라디아 땅을 두루 다녀도 열매가 없었습니다. 그러나 두들겨 맞고 감옥에까지 들어간 빌립보에서는 복음의 열매가 맺혔고 감옥에서 풀려 나와서도 그 열매가 풍성했습니다. 어떤 악조건 속에서도 하나님이 함께하신 일에는 반드시 역사가 나타났고 열매가 있었습니다. 그러므로 하나님의 도우심이 없고 수고한 만큼 열매가 맺히지 않는다면 성령이 막으시는 일이 아닌가 점검해 보아야 합니다. 하나님 앞에 가서 기도하십시오. 주님의 뜻이 아니면 다른 길을 열어 달라고 기도해야 합니다.

하나님은 우리를 그렇게 억지로 끌고 가서 궁지에 빠뜨리는 분이 아니십니다. 우리 하나님이 얼마나 자비로운 분입니까? 우리 하나님이 얼마나 능력이 많습니까? 얼마나 은혜가 풍성한 분입니까? 그분 앞에 나가서 다시 여쭈어 봅시다. 자기 아들을 아끼지 아니하시고 우리를 위해 내어 주신 하나님이 어찌 우리의 갈 길을 인도해 주시지 않겠습니까?

65 복음이 유럽으로 넘어가다

두아디라 시에 있는 자색 옷감 장사로서 하나님을 섬기는 루디아라 하는 한 여자가 말을 듣고 있을 때 주께서 그 마음을 열어 바울의 말을 따르게 하신지라
_ 사도행전 16:14

아시아에서 전도하는 것을 막으신 성령은 바울에게 환상을 보여 주셨습니다. 마게도냐 사람 하나가 서서 바울에게 도와 달라는 청을 하는 환상이었습니다. 환상을 본 바울은 하나님이 마게도냐 사람들에게 복음을 전하라고 하신 것이라 확신했습니다.

"바울이 그 환상을 보았을 때 우리가 곧 마게도냐로 떠나기를 힘쓰니 이는 하나님이 저 사람들에게 복음을 전하라고 우리를 부르신 줄로 인정함이러라"(16:10).

이제 바울 일행은 드로아에서 배를 타고 유럽으로 향합니다. 아시아와 유럽은 지중해와 흑해를 잇는 좁은 해협을 사이에 두고 나뉘어 있는데, 그 해협이 약 200킬로미터 정도입니다. 그들은 아시아의 드로아에서 배를 타고 출발해 이튿날 유럽의 네압볼리에 도착했습니다. 사도행전 20장 6절을 보면 이 길을 거꾸로 오는 데 닷새나 걸렸다고 나옵니다. 그러니 첫 항해는 말 그대로 순풍에 돛을 단 듯 날아갔다고 보면 될 것입니다.

바울이 유럽행을 결정하기 전의 상황과 한번 비교해 봅시다. 7절을 보면 무시아 앞에서 비두니아로 가고자 애썼지만 길이 열리지 않았습니다. 그 마음이 얼마나 답답했을까요? 결국 계획했던 길을 포기하고 성령의 인도를 따라가니 바닷길이 환히 열렸습니다. 이런 경험을 해본 성도들은 아마 그 기쁨과 감격이 얼마나 클지 짐작이 될 겁니다. 이것이야말로 하나님의 자녀가 이 땅에서 누릴 수 있는 기쁨이요 행복입니다. 하나님이 나를 향해 특별한 계획을 세워 두시고 내 삶을 한 걸음 한 걸음 인도하고 계신다는 사실을 깨달을 때 마음 가득히 차오르는 평안과 감사가 있습니다.

간절한 기대와 소망을 따라

바울이 전도 여행길에 당했던 현실적인 어려움들을 따져 보면 오늘날에 비해 몇 배로 고생스러웠을 것입니다. 사도행전 20장에 나오는 여정, 곧 드로아에서 네압볼리까지 닷새가 걸린 일에 대해 바울은 고린도후서에서 이렇게 말합니다.

"여러 번 여행하면서 강의 위험과 강도의 위험과 동족의 위험과 이방인의 위험과 시내의 위험과 광야의 위험과 바다의 위험과 거짓 형제 중의 위험을 당하고 또 수고하며 애쓰고 여러 번 자지 못하고 주리며 목마르고 여러 번 굶고 춥고 헐벗었노라"(고후 11:26-27).

육신의 피곤은 물론이고 생명의 위험도 마다하지 않고 복음 전하기에 힘쓴 바울은 또 이렇게 고백합니다.

"나의 간절한 기대와 소망을 따라 아무 일에든지 부끄러워하지 아니하고 지금도 전과 같이 온전히 담대하여 살든지 죽든지 내 몸에서 그리스도가 존귀하게 되게 하려 하나니 이는 내게 사는 것이 그리스도니 죽는 것도 유익함이라"(빌 1:20)

오늘날 목사를 위시해서 많은 사역자들이 피곤을 무릅쓰고 어떤 때는 쉬지도 못하고 일하는 경우가 많습니다. 그러나 그런 상황을 바울처럼 기쁘게 받아들이는 사람은 그렇게 많지 않은 것 같습니다. 바울을 보면 우리는 주를 위해 산다는 말을 함부로 할 수가 없습니다. 무엇을 해놓고 주를 위해 헌신했다고 하겠습니까? 무엇을 했다고 주께 충성했다고 하겠습니까? 그저 조그마한 것을 해놓고도 굉장한 것을 한 것처럼 교만한 마음을 갖고 공로의식에 사로잡히기도 합니다.

영적 기준을 높이 잡으십시오. 믿음의 선배들이 주를 위해 어떻게 살다 갔는지 살펴보기 바랍니다. 교회가 영적 기준을 낮추면 얼마 지나지 않아 세상과 다를 바 없어집니다. 영적 생활에 있어서 표준을 높이 세우고 그 지점에 이르려고 할 때 교회가 부패하지 않습니다.

주님이 다시 오실 때가 얼마 남지 않았는데 우리는 몸을 지나치게 사리고 있습니다. 주를 섬긴다고 하면서 내 몸이 피곤하지 않을 정도로만, 내 생활에 방해가 되지 않는 범위 내에서만 하겠다고 생각합니다. 참 부끄러운 모습입니다.

저는 바울에게 머리를 숙입니다. 바울과 함께 이름 없이 빛도 없이 충성한 전도자들에게 머리를 숙입니다. 2,000년 기독교 역사 속에 숨은 보석처럼 박혀 있는 무명의 그리스도인들에게 머리를 숙입니다. 그들은 힘겨운 삶 속에서도 자신의 전부를 주님께 드린 위대한 성도들입니다. 또한 대한민국에 복음을 전하기 위해 목숨 걸고 달려와 준 선교사들, 예수 이름을 부르며 십자가를 진 선배 목사님들, 평신도 전도자들께 진심으로 머리를 숙여 경의를 표합니다.

유럽 선교의 초라한 시작

바울 일행은 마게도냐 지방의 첫 성 빌립보에 도착해 며칠을 머물렀습니다. 빌립보는 대단히 큰 성입니다. 그리고 자유도시였습니다. 로마 정부의 지배를 받았지만 대단히 좋은 도시였습니다.

바울의 전도 스타일은 이미 보았듯이 어느 도시에 가든지 먼저 유대인을 상대로 복음을 전하고, 회당을 근거지로 했습니다. 그런데 빌립보에서는 아무리 찾아도 회당이 보이지 않았습니다. 유대인이 별로 없었기 때문입니다. 클라우디스 황제가 로마에서 유대인들을 전부 쫓아낼 때에 빌립보도 같은 정책을 따라 유대인들을 다 축출해 버린 것입니다. 소수의 유대인 여인들만 남았든지 아니면 헬라인이면서도 유대교로 개종한 경건한 사람들이 살았을 뿐 유대인은 별로 없었습니다. 그래서 회당이 없었던 것입니다.

바울과 그의 동료들은 안식일날 회당을 찾으려고 노력했지만 찾지 못했습니다. 그런데 수소문해 보니 문 밖 강가에 주일이 되면 여인들이 모여 기도를 한다는 소문을 들었던 것 같습니다. 강가에 기도처가 있는가 하여 그들이 찾아갔다고 했습니다. 강가에 도착한 일행은 몇 명의 여인들이 모여 유대교 의식을 따라 예배를 드리는 모습을 보았습니다.

"안식일에 우리가 기도할 곳이 있을까 하여 문 밖 강가에 나가 거기 앉아서 모인 여자들에게 말하는데"(16:13).

이 말씀에서 '우리'는 사도행전을 기록한 바울의 주치의인 누가, 바울, 그리고 바울이 안디옥 교회에서 데리고 온 실라와 디모데 이렇게 네 사람을 말합니다. 그들은 여자들과 앉아 말을 했습니다. 바울과 그 동료들은 아마도 여인들에게 자신들을 하나님의 말씀을 가르치는 선생이라고 소개했을 것이고, 여인들은 말씀을 부탁했을 것입니다. 바울 일행은 돌아가면서 말을 한 것 같습니다. 그리고 토론을 했는지도 모릅니다. 대화를 했는지도 모릅니다. 네 명의 전도자와 몇 명인지 모를 여자들이 둘러앉아 어떤 주제를 놓고 바울이 이끄는 대로 서로 이야기를 주고받은 것 같기도 합니다.

바울과 함께 간 동역자들이 이 여인들을 얼마만큼 성의 있게 대했는지 모릅니다. 사실 바울로서는 지금 대단히 큰일을 시작한 것입니다. 이 일은 유럽 선교의 시작이었습니다. 유럽에 건너와서 드디어 하나님의 복음을 전하는데 그 첫 대상이 초라한 여자 몇 명이었습니다. 몹시 초라한 시작입니다. 그 대상이 여자들이어서 무시할 수도 있었을 것입니다. 수가 작아서, 남자가 없어서 안 되겠다고 포기할 수도 있었습니다. 게다가 회당이 아닌 강가 모래 바닥에 둘러앉아 전도할 수밖에 없는 너무나 초라한 환경이었습니다. 이런 곳에서 무슨 선교냐 하고는 무시할 수도 있었을 것입니다.

인간인지라 시험 받을 수 있지 않겠습니까? 좀 더 큰 사람, 큰 대중을 놓고 일하고 싶은 욕심, 좋은 장소에서 남자 몇을 불러와서 시작하고 싶은 마음도 들 수 있었을 텐데 그들은 그렇게 하지 않았습니다. 그 대상은 부인들이었지만 둘러 앉아 진지하게 복음을 전했습니다. 16절부터 이후의 말씀을 보면 알 수 있습니다. 바울 일행은 안식일에만 강가를 찾지 않고 그날로부터 시작해 여러 날 동안 찾아갔습니다.

지금 우리가 대하고 있는 이 말씀은 기독교가 아시아에서 유럽으로 넘어간 시점을 기록한 것으로, 오늘날 기독교적인 유럽 문명이 탄생된 계기가 됩니다. 강가에서 남자 서너 명하고 여자 몇 명이 둘러앉아 무엇인가 이야기를 주고받는 모습을 보면서 저것이 앞으로 20세기에 기독교 서구 문명을 꽃피우기 시작하는 하나의 출발점이 될 것이라고 어느 누가 상상이나 했겠습니까? 아시아를 앞지르고 아프리카를 앞지르고 모든 세계 문명을 앞질러서 세계를 지배할 수 있는 문명이 지금 이곳에서 일어나고 있다고 누가 상상이나 했겠느냐 말입니다. 온 세계를 복음화시키는 큰 불꽃이 보이지 않는 저 조그마한 데서 점점 피어오르리라는 것을 그 시간 강가를 지나가는 사람들 중에 어느 누가 상상이나 했겠습니까?

너무나 위대한 일이 너무나 초라한 데서 시작되었습니다. 그러나 바울을 위시한 하나님의 종들은 환경이 초라하다고 그 일에 태만하지 않았고 사람 수가 적다고, 여자들만 모였다고 그 일을 등한시하지 않았습니다. 최선을 다했습니다. 오늘날 교회도 이런 점을 배워야 합니다. 하나님 나라를 위한 일들은 경중을 따질 수가 없습니다. 또한 작은 일에 충성할 때 큰 일을 맡을 수 있다는 사실을 알아야 합니다.

"임금이 대답하여 이르시되 내가 진실로 너희에게 이르노니 너희가 여기 내 형제 중에 지극히 작은 자 하나에게 한 것이 곧 내게 한 것이니라 하시고"(마 25:40).

하나님의 이 음성에 가책되는 부분이 있다면 회개해야 합니다. 과거에 상대방이 보잘 것 없어 보이는 사람이라고, 환경이 별 볼 것이 없다고 해서 적당히 하고 넘어간 적은 없는지, 교회에서 주님의 일을 하면서도 나에게 주어진 사명이 다른 형제들과 비교해 너무나 초라하고 인정받지 못하는 것 같아 불평하며 적당히 하고 넘어가는 일은 없었는지 깊이 생각합시다. 사소하고 하찮게 보이는 일에 주의해야 합니다. 누구든지 큰 일에는 실수하지 않습니다. 항상 영적으로 실수하는 부분은 작은 일입니다. 더욱이 교회가 대형화된 오늘을 살고 있는 성도들이 자칫 빠질 수 있는 위험은 작은 일, 하찮게 보이는 일에 주의하지 못하고 최선을 다하지 못해서 큰 것까지 망치는 것입니다. 주님의 뜻에 합당하게 되기를 원한다면 사소한 것, 보잘 것 없는 것, 작은 것, 남이 주의하지 않는 데서 중요한 보석을 골라 낼 줄 아는 그런 눈이 있어야겠습니다.

첫 열매가 된 루디아

바울과 선교사들이 부인 몇 사람을 대상으로 강가의 모래 바닥에 앉아 대유럽 선교를 시작하면서 그들에게 무엇을 기대했을까요? 평범한 사람에게서 비범함을 발견할 줄 안다면 그보다 더 멋진 일은 없을 것입니다. 바울은 강가에 앉아 있던 여인들 중 유럽 선교의 첫 열매가 될 루디아를 발견했습니다.

루디아는 소아시아에 있는 두아디라 성 출신으로 자색 옷감을 파는 상인이었습니다. 당시 자색 옷은 왕족이나 귀족들이 주로 입는 고급 옷감이었으니 루디아는 제법 부유한 사업가였던 것 같습니다. 그녀가 바울 일행에게 자기 집에 와서 유하라고 간청한 것을 봐도 그렇습니다. 그때나 지금이나 장정 넷에게 선뜻 숙식을 제공할 정도면 형편이 어느 정도 되어야 가능하지 않습니까?

그녀는 이방인이지만 '하나님을 섬기는' 사람이었습니다. 루디아가 신앙생활을 하는 데 유리한 점이 있었다면 남편이 없었다는 것입니다. 14-15절을 보면 사업을 꾸리며 집안의 주인 역할을 하고 있습니다. 혼자 사는 것이 신앙에 도움이 될까요? 그렇습니다. 전심으로 주님을 바라볼 수 있도록 그 마음이 준비가 되기 때문입니다.

바울이 말한 것처럼 '어떻게 하면 남편을 기쁘게 할까, 어떻게 하면 남편의 비위를 맞출까' 하는 생각에 자꾸 마음이 갈리는 사람보다 '예수님이 나의 남편이요 예수님이 나의 소망'이라 여기는 사람이 아무래도 신앙생활을 잘합니다. 봉사도 참 열심입니다. 그래서 우리 주님이 그들에게만 주는 특별한 위로가 있는 것을 자주 보았습니다. 하나님은 참 공평하십니다. 땅의 것을 조금 덜 가지는 대신 영적인 것을 더 많이 주시니 말입니다.

반면 루디아의 신앙에 지장을 줄 만한 요소는 직업과 재산이었습니다. 큰 사업을 벌일 만큼 능력도 있고 재산도 있었으니 자기 자신을 믿고 자기가 가진 것을 의지하기 쉬웠을 것입니다.

"강가에서 여자들끼리 모여서 기도하는 게 뭐 그리 대단한 일인가? 한 번쯤 안 가도 그만이지. 안식일이라고 모일 만한 회당이 있나, 신앙을 이끌어 줄 지도자가 있나? 사업이나 열심히 해서 돈 좀 더 버는 게 낫지."

이런 식으로 마음이 기울어질 수도 있지 않겠습니까?

🔊 그러나 루디아를 보십시오. 안식일마다 기도하러 강가에 나갔습니다. 일상적으로 반복되던 그 시간 그 자리에 마침내 하늘의 복이 쏟아져 내렸습니다. 예수 그리스도를 만나는 기적이 일어난 것입니다. 유럽에서 제일 먼저 예수를 믿게 되는 영광을 얻었습니다. 빌

립보 교회의 개척자가 된 것입니다. 성실하게 주님 앞에 나아가면 언젠가는 하나님이 준비하신 큰 은혜를 받을 것입니다.

교회 안에는 두 부류의 신자가 있습니다. 하나님이 마음을 열어 주셔서 중생한 사람이 있고, 혹은 자기가 억지로 열어서 중생한 체하는 사람이 있습니다.

하나님이 마음을 열어 주신 사람은 섬기기를 좋아합니다. 자신의 형편이 어떻든지 간에 예수 안에서 형제들을 섬기는 일에 항상 기쁨으로 나서게 됩니다. 하나님이 그 마음에 풍성한 은혜를 주시기 때문입니다. 반대로 중생한 척하는 사람은 예수를 믿는다고 하면서도 항상 이기적이고 섬기기를 싫어합니다. 예수 그리스도의 사랑과 은혜를 제대로 모르기 때문입니다.

교회 안에서 서로 섬겨야 할 일이 많고, 교회 밖으로도 손을 내밀어 붙들어 주어야 할 사람들이 정말 많습니다. 하지만 억지로는 안 됩니다. 아무리 교회가 전도와 구제를 많이 한다 해도 성도들의 마음이 예수 그리스도의 은혜에 완전히 사로잡히기 전에는 잘 안 됩니다.

하나님이 마음을 열어 주신 루디아는 섬김의 본을 보였습니다.

"그와 그 집이 다 세례를 받고 우리에게 청하여 이르되 만일 나를 주 믿는 자로 알거든 내 집에 들어와 유하라 하고 강권하여 머물게 하니라"(16:15).

루디아의 가정은 이후 빌립보 교회의 모태가 되었습니다. 섬김의 은사를 받은 루디아 때문일까요? 빌립보 교회 또한 섬기는 일에 앞장서는 교회가 되었습니다. 한 사람이 바로 서니까 교회의 전통이 바로 선 것입니다. 그래서 빌립보 교회는 바울에게 큰 위로가 되는 교회, 바울이 끝까지 신뢰하는 교회라는 칭송을 받게 되었습니다.

66 점치는 귀신 들린 여종을 만나다

**우리가 기도하는 곳에 가다가 점치는 귀신 들린 여종 하나를 만나니
점으로 그 주인들에게 큰 이익을 주는 자라**

_ 사도행전 16:16

　　회당이 없던 빌립보에서 바울 일행은 매일 강가의 기도처로 나가 복음 전하기에 전력을 쏟았습니다. 그런데 예측하지 않은 일이 일어났습니다. 점치는 귀신 들린 여종 하나가 바울 일행을 따라다니며 고래고래 소리를 지르는 것입니다.

　　귀신 들린 사람이 소리를 지르면 얼마나 섬뜩한지요. 사복음서를 보면 귀신 들린 사람들이 예수님을 만날 때마다 천지가 떠나갈 듯한 비명을 질렀던 것을 볼 수 있습니다. 이 여자도 아마 비슷한 증세가 아니었나 생각됩니다. 이 귀신 들린 여종은 팀의 리더인 바울에게 집중적으로 달려들어서 그를 방해하고 소리 쳤습니다.

"…이 사람들은 지극히 높은 하나님의 종으로서 구원의 길을 너희에게 전하는 자라…"(16:17).

이 거리 끝에서 저 거리 끝까지 따라다니며 소리소리 지르니 바울로서는 대단히 곤란한 상황이 되었습니다. 여러 날을 시달리던 바울이 견디다 못해 귀신을 쫓아내는 역사를 일으켰습니다. 그 결과 여종은 귀신에게서 풀려났지만, 여종의 주인들은 돈벌이할 길이 막히자 화가 잔뜩 났습니다. 그들은 바울과 실라를 붙잡아 광장 법정으로 끌고 갔습니다.

"…이 사람들이 유대인인데 우리 성을 심히 요란하게 하여 로마 사람인 우리가 받지도 못하고 행하지도 못할 풍속을 전한다…"(16:20-21).

바울과 실라는 여기서 평생 잊지 못할 태장을 맞았습니다.

점치는 것은 귀신의 일

성도들 중에도 다급한 일이 닥치면 점을 한번 쳐볼까 하는 유혹을 받는 이들도 없지 않아 있을 것입니다. 심지어 점치는 게 습관이 되어 때마다 일마다 점을 보러 다니는 이들도 있을 것입니다.
점치는 것은 인간이 알지 못하는 일을 미리 알려주는 초자연적인 능력입니다. 그런데 이 일은 귀신이 하는 일입니다. 역대하 33장 6절을 보면 므낫세가 범한 죄들이 나옵니다.

"…또 점치며 사술과 요술을 행하며 신접한 자와 박수를 신임하여 여호와 보시기에 악을 많이 행하여 여호와를 진노하게 하였으며"(대하 33:6)

점치는 것이나 요술하는 것이나 신접하는 것이나 무당을 신임하는 것은 모두 하나님이 싫어하시는 일입니다. 하나님 보시기에 악한 일이며, 하나님을 진노하게 한다고 성경은 말합니다.

대표적인 예가 이스라엘의 초대 왕 사울의 일입니다(삼상 28:3-25 참조). 블레셋 군대가 쳐들어오자 다급해진 사울 왕은 예전에 자기가 이스라엘 땅에서 쫓아냈던 신접한 여인을 찾아갔습니다. 죽은 사무엘 선지자를 불러내 자신이 어떻게 해야 할지 물어보려고 한 것입니다. 놀랍게도 사무엘의 영이 땅에서 올라와 하나님의 뜻을 한 번 더 말해 줍니다.

그런데 이것은 순전히 사탄의 역사입니다. 신접한 여인이 부른 영은 죽은 사무엘의 영이 아닙니다. 사탄이 사람들을 현혹하는 하나의 수단이지요. 우리는 모두 사실 영계에 대해 무지합니다. 좀 안다고 해도 얼마나 알겠습니까? 영계의 일은 인간에게 매우 취약한 부분입니다. 그래서 자칫 유혹을 받기 쉽습니다.

사탄 혹은 귀신이 점치는 능력을 가지고 있고, 그래서 사람이 혹할 만한 어떤 이야기를 할 수는 있습니다. 그것도 상당히 잘 알아맞힐 수 있습니다. 거짓 사무엘의 영이 사울 왕에게 하나님의 뜻을 그대로 말했습니다. 또 귀신 들린 자가 예수님을 만났을 때도 주저하지 않고 '하나님의 아들'이라고 말했습니다. 본문에서 귀신은 사도 바울이 '구원의 길을 전하는 자'라는 것을 다 알고 있지 않습니까? 다 압니다.

그러나 아무리 귀신이 우리의 장래를 점치고, 또 사람들이 솔깃할 만한 말을 한다 해도 귀신이 그렇게 하는 목적, 악령이 그렇게 하는 꿍꿍이는 따로 있습니다.

"악한 자의 나타남은 사탄의 활동을 따라 모든 능력과 표적과 거짓 기적과 불의의 모든 속임으로 멸망하는 자들에게 있으리니 이는 그들이 진리의 사랑을 받지 아니하여 구원함을 받지 못함이라"(살후 2:9-10).

말세에 사람들을 유혹하는 악한 자들은 '사탄의 활동을 따라 모든 능력과 표적과 거짓 기적'으로 행한다고 합니다. '능력, 표적, 기적' 이 세 단어는 원래 메시아를 언급할 때 주로 나오는 표현입니다. 말세에 나타나는 악령의 역사가 얼마나 강한지, 마치 하나님의 아들이 행하는 것과 흡사해 보인다는 말입니다. 그러나 명백히 다른 점은 악령의 역사는 '거짓 기적'과 '불의의 모든 속임'이라는 것입니다. 사탄의 목적은 사람을 속이는 데 있습니다. 속여서 파멸시키는 것 외에는 없습니다.

예수 이름으로 점친다?

예수 안 믿는 점쟁이가 귀신의 힘을 빌려 이런 일을 행하면 사탄의 속임수라는 것을 쉽게 알 수 있는데, 문제는 성령의 이름으로 혹은 예수의 이름으로 점을 치는 것은 분별하기가 쉽지 않다는 사실입니다. 예수 믿는 신앙 안에 점을 치는 것과 비슷한 기능은 절대 용납할 수 없습니다. 기도를 100번 했든 금식을 40일 했든 간에 점치는 일로 사람을 유혹하는 것은 사탄의 역사지 절대 성령의 역사가 아닙니다.

> "여호와께서 말씀하셨다고 하는 자들이 허탄한 것과 거짓된 점괘를 보며 사람들에게 그 말이 확실히 이루어지기를 바라게 하거니와 그들은 여호와가 보낸 자가 아니라 너희가 말하기는 여호와의 말씀이라 하여도 내가 말한 것이 아닌즉 어찌 허탄한 묵시를 보며 거짓된 점괘를 말한 것이 아니냐"(겔 13:6-7).

하나님을 빙자해서 환상을 보았다 하고 점괘를 말하는 자는 거짓 선지자입니다. 그들은 여호와의 이름을 들먹여 거짓을 믿게 합니다. 우리 주님이 다시 오시면 이런 자들은 빗자루로 쓸 듯 완전히 쓸어버릴 것입니다.

> "내가 또 복술을 네 손에서 끊으리니 네게 다시는 점쟁이가 없게 될 것이며"(미 5:12).

주님이 오실 때가 가까워지면 사람들이 예수의 이름으로 죄를 범합니다. 그들은 주님께 이렇게 외칠 것입니다. "주여, 우리가 길에서 주의 이름으로 귀신을 쫓아내며 주의 이름으로 일을 하지 않았습니까? 그런데 왜 우리를 모른다고 하십니까?" 그러면 주님은 이렇게 말씀하실 것입니다. "불법을 행한 자들아, 내게서 물러가라"(마 17:22-23 참조).

성령의 역사와 점치는 역사를 착각하는 것은 그야말로 하나님의 이름을 모독하고 성령의 역사를 왜곡하는 것입니다. 성경 어디에 한 사람을 앉혀 놓고 당신 사업 잘되겠다, 안 되겠다, 당신 아들 합격하겠다, 안 하겠다, 당신 뱃속에 있는 애가 아들이다, 딸이다 하고 점치는 내용이 있습니까? 점치는 것은 귀신의 일입니다.

아무리 우리 앞길이 불투명하고 사방에 문이 굳게 잠긴 것처럼 답답한 상황이라 할지라도 점치는 사람을 찾아가서는 안 될 일입니다. 어찌할 바를 모를 때일수록 하나님과 직접 만나려고 애쓰고, 말씀을 통해 주님이 깨닫게 하시는 진리를 붙들려고 노력해야 합니다. 이런 노력을 기울이는 것이 정 힘들다면 하나님이 환상과 꿈을 통해서라도 직접 보여 주시기를 기도하십시오. 왜 하나님의 자녀가 귀신에게 가서 물어야 합니까?

겁에 질린 귀신

귀신 들린 여종이 바울과 실라를 보고 그들이 어떤 사람인지 소리치며 공개한 이유는 무엇일까요? 이러한 현상은 복음서에서도 흔히 볼 수 있습니다. 귀신 들린 사람이 예수님을 만나 견디지 못하고 소리를 지르면서 '하나님의 아들'이라고 고백한 일도 있습니다. 성경은 마지막 날 예수 그리스도의 보좌 앞에 가면 모든 죄인이 자기 입으로 자기 잘못을 자백한다고 합니다. 묻지도 않았는데 벌벌 떨며 다 말한다는 것입니다. 무언가 도무지 숨길 수 없는 압박감을 받는 것입니다.

우리는 영계에 대해 잘 모릅니다. 하지만 분명한 것은, 예수 믿는 사람들이 예수의 이름으로 모여 무슨 일을 시작하려 하면 귀신들이 못 견뎌 한다는 것입니다. 귀신 들린 여종은 바울을 '지극히 높은 하나님의 종'이라고 정확하게 밝혀 주었습니다. 이것은 사탄이 예수 믿는 사람을 보면 그가 하나님께 속한 자라는 신분을 정확히 알아챈다는 사실을 말해 줍니다. 우리가 신분에 걸맞게 하나님께 충성한다면 마귀는 감히 우리를 건드리지 못합니다. 그러나 우리가 하나님의 자녀답게 행동하지 않으면 사탄은 여지없이 그 사람을 유혹해 냅니다.

바울은 귀신 들린 여자가 소리치는 것을 금했습니다. 구원의 길을 전파하는 사람이라고 선전해 주는데 왜 못하게 막았을까요? 예수님도 자신을 하나님의 아들이라고 소리치는 귀신에게 입을 다물라고 명령하셨습니다. 왜 그랬을까요?

복음을 전파하기 위해 사탄의 도움을 받을 이유가 전혀 없기 때문입니다. 하나님의 아들, 존귀하신 예수 그리스도의 이름이 마귀의 입을 통해 증명될 필요도 없습니다. 아무리 마귀가 옳은 말을 한다고 해도 그 마음의 동기는 속이는 것이요, 유혹하는 것이기 때문에 우리가 거기에 이용당해서는 안 됩니다.

귀신 들린 자가 예수의 이름을 찬송한다 할지라도 성령은 오직 한 가지 방법밖에 사용하지 않습니다. 꾸짖습니다. 입 다물라고 꾸짖는 것 외에는 없습니다. 하나님은 사탄의 입을 통해 영광 받지 않으십니다. 아무리 바른 말이라도 사탄의 입에서 나오는 말로는 하나님의 역사가 이루어지지 않습니다.

감옥을 뒤흔든 찬송

귀신 들린 여종에게서 귀신을 쫓아낸 바울과 실라는 그 여종의 주인들에게 잡혀 법정으로 끌려갔습니다. 거기서 매를 많이 맞고 깊은 감옥에 갇혔습니다. 한밤중이 되어 바울과 실라가 기도하고 하나님을 찬송하자 그 소리를 죄수들이 들었습니다.

"한밤중에 바울과 실라가 기도하고 하나님을 찬송하매 죄수들이 듣더라"(16:25).

매를 맞아도 그분 앞에 경배하고 아무리 어려운 역경 가운데 있다 하더라도 하나님 앞에 찬양하고 기도하는 것이야말로 인간이 해야 할 가장 소중한 일임을 모든 죄수 앞에 보여 주었습니다.

우리가 찬양하는 모습을 통해 모든 인생은 찬양할 의무가 있다는 것을 알려 주고 있습니까? 우리가 수시로 기도하는 모습을 통해 기도가 얼마나 거룩한 행위인지 보여 주고 있습니까? 그들은 감옥에서 그 일을 행했습니다. 삶 전체가 감옥에 갇힌 것처럼 최악의 상황이라 하더라도 하나님 앞에 기도하고 찬양하십시오. 그것이 하나님의 능력을 부르는 역사입니다. 우리 삶을 옥죄고 있는 감옥 문을 활짝 여는 일입니다.

바울과 실라가 억울하게 매를 맞고 감옥에 들어갈 때 이들의 모습은 어땠을까요? 결코 서두르지 않았습니다. 왜 그러냐고, 억울하다고 항의하지도 않았습니다. 매를 때리면 맞고, 감옥에 넣으면 들어가고 그냥 전부 다 맡겨 버렸습니다. 그 이유가 어디 있습니까? 생명의 주인이신 주님께 삶을 다 맡겨 놓았기 때문입니다. 우리 인생의 모든 것을 다 주님께 맡기고 나면 안달할 것도 없고 불평할 것도 없습니다. 그저 편안한 마음으로 따라가는 겁니다.

바울과 실라는 하나님께서 왜 자신들을 감옥에 넣으셨는지 그 이유를 알지 못했습니다. 그러나 거기에는 하나님의 뜻이 있다고 믿었기에 두 사람은 밤중에 기도하고 찬양했습니다. 하나님의 자녀에게 뜻 없이 일어나는 일은 없습니다. 우리 삶을 향한 하나님의 선한 목적과 뜻이 반드시 있고, 그 때문에 일어나는 일들만 있습니다.

바울과 실라는 찬양하고 기도했습니다. 몇 시간이 지나지 않아 하나님이 뜻하신 바가 드러났습니다. 바로 그 감옥의 간수와 그의 가족이 구원받은 일입니다.

상상해 보십시오. 바울이 매를 맞고 감옥에 들어왔을 때 기도하고 찬송했다고 했습니다. 아마 감옥이 울리도록 큰 소리로 불렀나 봅니다. 주위에 있던 죄수들이 찬송 소리를 들었다고 했으니까요. 이때 갑자기 큰 지진이 나서 옥 터가 움직이고 감옥문이 다 열렸습니다. 자다 깬 간수는 옥문이 열린 것을 보고 죄수들이 도망한 줄 알고 크게 당황했겠지요. 죄수들을 지키는 책임을 다하지 못했다는 생각에 간수는 칼을 빼어 자결하려 했습니다. 이때 바울이 크게 소리를 질러 간수를 말렸습니다.

"…네 몸을 상하지 말라 우리가 다 여기 있노라…"(16:28).

이 소리에 놀란 간수는 등불을 들고 감옥 안으로 뛰어 들어가 벌벌 떨며 바울과 실라 앞에 엎드렸습니다.

"…선생들이여 내가 어떻게 하여야 구원을 받으리이까…"(16:30).

간수는 바울과 실라에게 복음을 듣고, 그 밤에 두 전도자를 자기 집으로 데리고 갔습니다. 두 전도자의 매 맞은 자리를 씻겨 주고, 음식까지 후하게 대접했습니다. 그리고 바울의 선포대로 그와 그의 온 가족이 구원을 받는 역사가 일어납니다.

"이르되 주 예수를 믿으라 그리하면 너와 네 집이 구원을 받으리라" (16:31).

하나님은 놀라우신 분입니다. 그분은 고난을 통해서도 이렇게 엄청난 일을 이루십니다. 우리는 예수 그리스도께 속한 사람입니다. 귀신 들린 여종이 소리친 것처럼 우리는 하나님의 종입니다. 그러므로 하나님은 그분이 원하시는 대로 우리를 사용하십니다.
어떤 때는 좋은 일로 우리를 사용하시지만, 어떤 때는 피하고 싶은 고난을 통해서도 하나님께서는 당신의 목적을 이루십니다. 선하신 목적을 이루십니다. 그러므로 어떤 상황에 처하든지 바울과 실라처럼 하나님께 다 맡깁시다. 이렇게 산다면 얼마나 평안하고 의연할 수 있을까요? 또 조급하게 안달하는 사람들을 이끌어 줄 수도 있을 겁니다. 하나님께서 이런 자들을 통해 더 큰 일을 이루실 것입니다.

사도행전 17장

67 간절한 마음으로 말씀을 받다

베뢰아에 있는 사람들은 데살로니가에 있는 사람들보다 더 너그러워서
간절한 마음으로 말씀을 받고 이것이 그러한가 하여 날마다 성경을 상고하므로
_ 사도행전 17:11

    바울 일행은 빌립보를 나와서 데살로니가까지 약 68마일을 걸어갔습니다. 68마일이면 거의 100킬로미터입니다. 이들의 여정은 한 도시에서 복음을 전하다가 핍박을 받으면 다음 도시로 옮겨 가는 그런 방식이었습니다. 다행히 당시 로마 제국이 닦아 놓은 도로가 있어 그 길을 따라 움직였던 것 같습니다. 지도상으로 보면 빌립보와 데살로니가, 베뢰아는 거의 일직선상에 위치해 있습니다.

    "그들이 암비볼리와 아볼로니아로 다녀가 데살로니가에 이르니 거기 유대인의 회당이 있는지라"(17:1).

1절에서 유심히 볼 것은 "암비볼리와 아볼로니아로 다녀가"
라는 부분입니다. 이 두 곳은 지도상에 나타나지 않을 정도로 작
은 도시였습니다. 그런데 왜 이 두 곳에서는 전도를 하지 않고 그
냥 지나갔을까요? 작은 성이든, 큰 성이든 구원받아야 할 영혼들
이 분명히 있을 텐데 말입니다.

전략적 접근

바울 일행이 암비볼리와 아볼로니아를 그냥 거쳐 간 데는 두
가지 이유를 생각해 볼 수 있습니다. 하나는, 이 성들이 빌립보처
럼 회당이 없는 도시이기 때문입니다. 주로 회당을 전도의 거점지
로 삼고 복음을 증거하던 바울 일행은 빌립보에서 회당이 없어 고
전한 경험이 있습니다. 그래서 데살로니가에 이르러 회당을 발견
하고는 그리로 들어간 것이 아닌가 생각됩니다. 또 하나는 지정학
적인 이유에서였을 것입니다. 이왕 복음을 전할 바에는 거점이 될
만한 곳에 먼저 전해서 그 주변으로 퍼져 나가게 하는 것이 좋지
않겠습니까? 연못 중앙에 돌멩이를 던지면 연못 전체로 물결이 고
루 퍼져 나가는 것과 같은 이치입니다.

마게도냐로 건너온 바울 일행은 어느 성에서 복음을 전해야
그 지역 전체에 영향을 줄 수 있을지 전략적으로 고민했을 것입니
다. 그래서 데살로니가에서 복음을 전하면 자연스럽게 암비볼리
와 아볼로니아로 확산될 것이라고 생각했던 것입니다. 그 근거는
데살로니가전서 1장에서 찾을 수 있습니다.

"그러므로 너희가 마게도냐와 아가야에 있는 모든 믿는 자의 본이 되었느니라 주의 말씀이 너희에게로부터 마게도냐와 아가야에만 들릴 뿐 아니라 하나님을 향하는 너희 믿음의 소문이 각처에 퍼졌으므로 우리는 아무 말도 할 것이 없노라"(살전 1:7-8).

바울의 짐작이 맞았습니다. 데살로니가 교회의 믿음이 마게도냐와 아가야뿐만 아니라 각처에 두루 소문이 나서 믿는 자의 본이 된 것입니다. 데살로니가에 뿌린 복음의 씨앗이 자라 바울이 복음을 전하지 못하고 지나간 도시에까지 복음이 확산된 것입니다. 오늘날에도 전도를 하든 교회 개척을 하든 이런 전략을 무시할 수 없습니다.

사실 사랑의교회를 시작할 때 이런 면을 전혀 생각지 못했습니다. 강남을 택한 이유도 그저 처음에 함께 시작한 성도 몇 분이 강남에 사셨기 때문입니다. 그런데 어느 때쯤 와서 가만히 보니 하나님께서 교회에 하시는 일들이 심상치 않아 고민이 되기 시작했습니다. 저는 아주 작은 꿈을 가지고 섬기고 있었는데 이렇게 소극적으로 해서는 하나님 앞에 죄송할 것 같다는 생각이 들었습니다. 시간이 흐를수록 이런 부담감은 커져만 갔습니다. 지역적으로 봐도 그렇고, 교인들의 성향을 봐도 그렇고, 또 그때까지 한국과 미국 한인 교회에 퍼져 있는 소문을 보아도 그렇고, 정말 사랑의교회가 무언가 모범을 보이지 않으면 안 되겠구나 하는 것을 뒤늦게 깨달았습니다.

데살로니가 교회는 그 지역 전체를 위해 하나님이 주신 어떤 역할을 감당하지 않으면 안 되는 그런 상황에 있었습니다. 바울은 그것을 알았습니다. 가장 영향력을 줄 수 있는 곳에 먼저 투자하고 강조하라는 이 원리는 평신도 훈련에서도 적용됩니다.

사랑의교회에서 실시하고 있는 제자훈련은 원한다고 모든 사람이 받을 수 있는 훈련이 아닙니다. 훈련받을 대상을 모집할 때는 여러 가지 자격을 따집니다. 나이 제한도 있고, 소명의식이 있어야 하고, 목회자와의 단독 면담을 통과해야 훈련을 받을 수 있습니다. 훈련을 받기도 전에 꽤 괴롭힌다는 생각이 들 정도로 까다롭습니다. 그러나 교회 입장에서 볼 때는 소수의 사람을 키우고 그 사람을 통해 영향력을 미치는 부분을 고려하지 않을 수 없습니다.

영혼은 다 평등하고, 가치 있고, 모두 다 관심의 대상이 되지만 하나님의 법칙을 보면 큰 영향력을 끼칠 수 있는 사람에게 먼저 투자하고, 큰 영향을 끼칠 수 있는 지역에 먼저 복음을 투입하는 것이 맞습니다. 바울이 빨리 로마에 가야 되겠다, 빨리 스페인에도 가야 되겠다고 간절하게 사모했던 이유도 다 이런 전략 때문이었습니다.

그래서 저는 뒤늦게나마 사랑의교회가 데살로니가에 있었던 교회처럼 하나님 앞에 쓰임 받는 데 중심이 되는 역할을 감당하기를 기도했습니다. 그것이 하나님께 영광이요, 성도에게는 삶의 의미와 보람이 될 것이라고 확신했기 때문입니다.

뜻을 풀어 증명하다

바울은 데살로니가 회당에 들어가 말씀을 전했습니다.

"바울이 자기의 관례대로 그들에게로 들어가서 세 안식일에 성경을 가지고 강론하며 뜻을 풀어 그리스도가 해를 받고 죽은 자 가운데서 다시 살아나야 할 것을 증언하고 이르되 내가 너희에게 전하는 이 예수가 곧 그리스도라 하니"(17:2-3).

이 부분에서 '강론하며', '뜻을 풀어', '증언하고'라는 몇 개의 단어를 봅시다. 바울은 성경을 가지고 첫째로 강론했습니다. 이 강론한다는 말에는 뒤에 나오는 '뜻을 푼다'는 의미가 포함되어 있습니다. 바울은 둘째로 증명했습니다. 그리고 결론을 내렸습니다.

바울은 복음의 뜻을 풀어서 완전히 납득이 되도록 증명해 주고 정확하게 결론을 맺는 방법으로 회당에서 유대인들에게 복음을 전했습니다. 바울이 이렇게 말씀을 전하는 방법은 예수님의 방법과 똑같습니다. 예수님도 가버나움 회당에 들어가서 이사야서를 강론하실 때 이 방법을 사용하셨습니다. 메시아에 관한 성경을 펴 놓으시고는 그것을 전부 읽고 나서 구약에서 하나님이 예언하신 메시아가 어떤 분인가를 함께 연구해 보자 하시고는 구약을 잘 아는 유대인들을 앉혀 놓고 메시아의 인격, 메시아의 죽음, 메시아의 부활, 메시아의 고난의 의미 등 메시아와 관련된 것들을 하나하나 구약을 통해 입증하셨습니다. 그러고 난 다음에는 그 메시아가 누구이신가 결론을 내렸습니다. 바로 나사렛에서 나신 예수 그리스도라고 말입니다.

뜻을 풀어 증명하고, 논증하고, 그다음에 결론을 내리는 이 방법은 참 중요합니다. 성도들은 대부분 성경을 보며 무조건 감정적인 충족만을 느끼려고 애쓰는 경우가 많습니다. '아, 기쁘다', '아,

그것 재미있구나', '야, 그것 참 위로가 되는구나' 하는 식으로 말입니다.

그러나 지성을 이용해 냉정히 뜻을 파악하고, 논리적으로 정리해서 확신을 얻는 전반 부분이 생략되면 안 됩니다. 목사님들도 이런 면을 너무나 등한시하는 경향이 있습니다. 한마디로 말해서 뜻을 풀어 먼저 이해를 시켜야 합니다. 이해가 되면 생각이 바뀌지 않습니까? 생각이 바뀌면 자연히 감정이 나타나게 됩니다. 미웠던 사람을 이해하게 되면 '아, 저 사람은 미워할 사람이 아니라 좋은 사람이구나' 하고 생각이 바뀌고 마음에 사랑하고자 하는 감정이 나타나게 되는 것입니다.

먼저 생각을 바꾸어야 합니다. 생각을 바꾸기 위해서는 뜻을 풀어 증명하고 해석해 주는 단계가 앞서 필요합니다. 그것이 전제가 된 다음에 '기쁘다', '흐뭇하다', '감사하다'는 감정적인 반응이 나와야 합니다. 그러나 그렇지 않은 경우가 더 허다합니다. 설교자도 어떻게든 사람들의 감정적인 욕구를 충족해 주겠다는 조급함으로 간증 예화를 들어가며 성도들을 웃기고 울리다가 나중에 성경 몇 마디 하고는 설교를 끝내 버리는 경우가 있습니다. 그런 것은 은혜가 아닙니다. 날마다 밑 빠진 독에 물 붓는 식입니다.

🔊 감동을 받기 전에 먼저 우리 자신의 생각을 바꾸도록 노력해야 한다는 것을 다시 한 번 기억합시다. 이해하면 감정은 자연히 따라오는 것입니다. 하나님의 말씀이 좀 어려운 것 같아도 깊이 이해하고 깨달으면 감격은 뒤따르게 되어 있습니다. 박수 치지 말라고 해도 찬송할 때 자신도 모르게 박수를 칩니다. 웃으라고 하지 않아도

얼굴이 환하게 밝아집니다. 그것이 바른 은혜요, 하나님 말씀의 정도를 걸어가는 사람입니다. 그렇지 않고 생각은 바뀌지 않았는데 감정만 불러일으키려고 하는 것은 참 천박한 방법입니다.

성경을 읽을 때도 그런 유혹을 받습니다. 마음이 착잡하고 답답하고 답이 안 나올 때, 말씀을 놓고 조용히 읽고 연구하고 뜻을 생각하려고 하기보다는 시간을 투자하지 않고, 어떻게 하든지 한 절을 읽어서 훅 들어오는 곳을 찾으려고 정신이 없지는 않습니까? "내가 너를 사랑하노라. 두려워 말라, 무서워 말라. 내 오른손으로 너를 붙들리라"는 말씀만 가지고 그저 감정 충족만 하려고 애를 씁니다.

간절함으로 받고

바울 일행은 데살로니가에서 또다시 핍박을 받아 베뢰아라는 도시로 갔습니다. 베뢰아는 데살로니가에서 약 50마일 떨어진 곳입니다. 베뢰아에도 역시 회당이 있었고 바울 일행은 그곳에 들어가 말씀을 전했습니다.

> "베뢰아에 있는 사람들은 데살로니가에 있는 사람들보다 더 너그러워서 간절한 마음으로 말씀을 받고 이것이 그러한가 하여 날마다 성경을 상고하므로"(17:11).

참 묘한 말씀입니다. 베뢰아 사람은 데살로니가에 있는 사람들보다 더 너그러웠다고 합니다. 이 성경을 데살로니가 교인들이 안 읽었기에 망정이지 읽었다면 얼마나 화가 났을까요? 성경상에 두 곳을 나란히 비교하며 어느 것이 덜하다, 못하다 말한 예는 이 부분밖에 없습니다. 이 성경을 기록한 누가가 바울을 따라다니면서 양쪽 도시의 교인들이 얼마나 차이가 많이 났으면 이렇게 노골적으로 비교를 했을까요?

베뢰아 사람들이 데살로니가에 있는 사람들보다 왜 더 너그러워 보였을까요? 우선 베뢰아 사람들은 바울이 전하는 말씀을 사모하고 알고자 하는 간절함이 있었기 때문입니다. 진리를 알려고 간절히 사모하는 사람과, 전하니까 할 수 없이 듣는 사람을 놓고 볼 때 어느 쪽이 더 너그러워 보이겠습니까?

설교를 듣는 성도들을 보아도 그런 마음이 듭니다. 설교를 듣고 있는 성도들의 눈동자와 얼굴, 표정을 보면 그저 전하니까 듣는 사람인지, 말씀을 알고 싶어서 듣는 사람인지 다 알 수 있습니다. 후자의 경우는 눈동자가 반짝반짝 하며 듣습니다. 대인관계에서도 어떤 대화를 나눌 때 상대방의 말에 귀를 기울이고 고개를 끄덕끄덕 하면서 눈동자를 마주보고 관심을 깊이 갖는 사람과, 대화가 언제 끝나나 하는 표정을 지으면서 건성으로 듣는 사람을 비교해볼 때 어느 쪽이 더 너그러워 보입니까? 관심 있게 들어 주고 마음을 열고 받아 주는 사람이 훨씬 더 너그러운 사람입니다. 하나님 앞에서도 마찬가지입니다.

게다가 베뢰아 사람들은 말씀을 듣는 데서 끝나지 않고 후속작업을 했습니다. 그들은 바울로부터 예수 그리스도에 대해 듣고 난 후에는 날마다 성경을 뒤져 가면서 바울이 전한 말씀과 성경을 비교하며 상고했고, 또 회당에 모여서 검토해 보고 질문도 했습니다. 이렇게 해서 그들 나름대로 다시 한 번 터를 다지는 일을 했습니다. 베뢰아 사람들이 데살로니가 사람들보다 너그러웠다는 것은 곧 더 지적인 사람들이었다는 뜻입니다.

무엇인가 듣고 그것을 들은 것으로 만족하지 않고 자기 나름대로 다시 확인하려고 하는 사람은 상당히 지적인 사람입니다. 그런 사람들은 데워지는 데 좀 시간이 걸립니다. 늦습니다. 베뢰아 사람들이 그런 사람들이었습니다. 그들은 지성을 이용해 진리를 스스로 확인하기 전에는 완전하게 받아들이지 않겠다는 약간의 경계심을 가지고 있었을 것입니다.

그리스도인들이 베뢰아 사람들의 이런 태도를 본받았으면 좋겠다는 생각을 합니다. 즉흥적인 것이 좋을 때도 있습니다. 전하는 사람을 그대로 신뢰하고, 비판 없이 받아들이고 반응하는 것도 어느 면에서는 좋습니다. 그러나 감정이 빨리 동하는 사람은 빨리 식습니다. 반면 데워지는 것이 늦더라도 차분히 말씀을 가지고 정리를 해가면서 자기 나름대로 확신을 얻는 사람은 어지간해서 잘 식지 않으며, 잘 움직이지도 않고 변하지도 않습니다. 참 고상한 모습입니다.

'이것이 그러한가'

오늘날 너무나 많은 사람들이 너그럽지 못한 태도로 설교를 듣고 성경을 대합니다. 연구하는 자세가 없습니다. 시간을 투자하지 않습니다. 조금만 어려우면 못 듣겠다고 고개를 흔들어 버립니다. 사탄은 언제나 우리를 향해서 하와에게 한 질문을 그대로 던집니다. "하나님이 정말 이 선악과를 먹지 말라 하더냐? 하나님이 정말 염려하지 말라고 하더냐? 야, 그것은 교회에서나 하는 이야기야. 어떻게 인간인데 염려를 안 하겠니?"라고 말입니다.

왜 하나님이 주신 우수한 지능을 사용하지 않습니까? 왜 성경을 검토하고 연구하는 열심이 없습니까? 말씀을 통해 은혜를 깨달은 그리스도인이 열심만 있다면 참 많은 면에서 성장할 것입니다. 설교를 듣고 그 말씀을 스스로 확인할 때까지 다시 한 번 씨름하는 그런 모습이 필요합니다. 반추가 무엇입니까? 소가 풀을 뜯고 나서 조용한 시간이 오면 우물우물 다시 씹는 것을 반추한다고 그럽니다. 반추하는 것과 같이 성경을 새김질합시다. 이것이 베뢰아 사람들의 태도였습니다.

듣는 데서 끝나지 말고 확인합시다. 확신이 설 때까지 확인합시다. 확신이 선다면 그 말씀은 우리에게 찬송이 됩니다. 기도 제목이 됩니다. 그것이 나에게 무기가 되어서 남이 약할 때 도와줄 수 있는 하나의 자료가 됩니다. 또한 마귀를 쫓는 성령의 검이 됩니다. 우리 자신이 확신하는 말씀이 아니라면 아무 쓸모가 없습니다. 성경을 아무리 들고 다녀도 베뢰아 사람처럼 스스로 확인하고, 확신하고, 꼭 쥔 말씀이 아니고는 어떤 상황에서도 쓸모가 없습니다.

너그럽게 깊이 말씀을 확인하고 연구하는 자세가 결여된 곳에는 아주 얄팍한 반응을 보이는 사람들이 많습니다. 즉흥적으로 반응하고 자신의 상식으로 비판하고, 자기 기분에 따라 말하는 사람들이 많습니다. 그래서 데살로니가 회당 안에는 바울을 핍박하는 유대인들이 있었습니다. 반면 베뢰아에서는 어떠했습니까? 사람이 너그러울 때는 그런 야비한 태도를 취하는 사람이 훨씬 더 적습니다.

　교회가 말씀에 대해 너그러워지면 야비한 행동을 하는 사람들이 많지 않습니다. 그만큼 진지하고 그만큼 성숙해 있기 때문입니다. 오늘날 교회들이 이렇게 말씀을 너그럽게 대한다면 데살로니가에 있던 일부 유대인들처럼 그렇게 과격하게 감정적으로 말하는 사람이 생겨나지 아니할 것입니다. 은혜롭게 심사숙고하고 모든 면을 포용하고 이해하려는 너그러운 자세를 가진 그리스도인들이 많을 때 교회는 더욱더 은혜를 수용할 수 있고, 많은 사람에게 유익을 줄 수 있습니다.

68 철학자의 도시에서 변론하다

바울이 아덴에서 그들을 기다리다가 그 성에 우상이 가득한 것을 보고
마음에 격분하여 회당에서는 유대인과 경건한 사람들과
또 장터에서는 날마다 만나는 사람들과 변론하니
_ 사도행전 17:16-17

베뢰아 사람들은 데살로니가 사람들보다 너그러웠지만 그곳에서도 역시 핍박은 일어났습니다. 바울은 베뢰아를 떠날 결심을 하고 아덴으로 향했습니다. 아덴은 그리스 아테네를 말합니다. 바울이 아덴으로 들어갈 때는 혼자였습니다. 디모데와 실라는 베뢰아에 남아 있다가 나중에 아덴으로 왔고, 바울은 이들을 다시 각각 데살로니가와 빌립보로 보냈습니다.

아덴은 지금까지 바울이 말씀을 전해 온 도시들과는 근본적으

로 다른 특색이 있었습니다. 바울이 아덴에 대한 정보를 전혀 몰랐을 리 없지만, 막상 들어가 보니 생각보다 더 독특한 면을 갖고 있었을 것입니다.

당시만 해도 아덴은 경제적으로나 정치적인 면에서 고린도보다 못했지만, 예술과 학문으로는 유럽 전역에서 앞선 도시였습니다. 바울 당시의 아덴은 이미 찬란한 그리스 문화의 중심지로서 1,200여 년의 역사를 가지고 있었습니다. "로마가 비록 정치적으로는 헬라를 정복했을지 모르지만 문화적으로는 헬라에 패배했다"는 유명한 말이 있을 정도로 헬라의 아덴 문화는 세계적이고 또 인류 역사에서 볼 때 영구 불멸한 문화입니다. 아덴은 또한 고대의 문화가 그렇듯이 문화와 예술이 종교와 불가분의 관계에 있었습니다. 그래서 우상과 신전, 신화 같은 예술 작품들이 많았습니다. 특히 아덴은 모든 것을 신으로 보는 범신론이라는 신관을 가지고 있었습니다. 이런 신관을 가지고 있는 아덴이었으니 그 도시가 어떠했을까요? 역사가들은 아덴을 이렇게 묘사했습니다.

"아덴에 있는 우상의 수는 헬라 전역에 있는 우상의 수보다도 더 많다."

"바울이 들어간 아덴이라는 곳은 도시 전부가 신에게 드리는 하나의 제단이다."

아덴에 우상이 가득했다는 사실은 성경뿐만 아니라 역사가들의 말을 통해서도 확인할 수 있습니다. 그러나 실제적으로 어느 정도로 우상이 많았고, 어느 정도로 제단이 많았으며, 신전이 많았는지는 상상조차 할 수 없습니다.

도시를 한 바퀴 둘러본 바울은 수많은 우상과 신전을 보고 견디지 못할 만큼 분노했습니다. 눈 뜨고 볼 수 없는 현상 앞에서 견딜 수 없는 의분을 느꼈습니다. 그것은 하나님의 자녀만이 느낄 수 있는 의분이었습니다. 영적으로 깨어 있는 사람만이 느끼는 분노입니다. 이 분노는 하나님 편에 서서 바로 살려고 하는 사람들이 세상을 볼 때 느끼는 것입니다.

만약 바울이 대한민국에 온다면 어떤 마음을 갖게 될까요? 크고 작은 십자가가 하늘을 물들일 만큼 교회가 많습니다. 그렇지만 우리는 십자가 아래 어두운 곳이 얼마나 부패하고 있는지를 알아야 합니다. 요란한 유흥가의 불빛을 보면 마음에 분노가 일어나야 합니다. 그러나 우리는 오히려 그런 현상을 당연한 것처럼 그냥 넘어갑니다. 감각이 무뎌졌습니다. 아덴에서 바울이 느꼈던 분노가 우리 마음에 일어난다면 우리는 도전할 것입니다. 복음을 가지고 정복하려고 하는 의욕을 가질 것입니다.

이런 분노가 우리 마음에 없다면 우리는 이미 싸울 자세를 완전히 포기한 사람이나 다름없습니다. 바울처럼 변론은 하지 못하더라도 하나님 앞에 소리 내어 부르짖는 불 같은 마음이 있어야 하겠습니다. 모든 그리스도인이 이와 같은 분노를 가지고 사회 구석구석에 들어가서 무엇인가 좀 바꾸어놓겠다는 생각을 가지고 일하고 말을 한다면, 그리고 행동한다면 사회는 변화될 것입니다. 바울의 분노가 우리 마음에도 심기기를 바랍니다. 성령님께서 우리 마음에 이 분노의 불길을 일으켜 주시기를 바랍니다.

철학자들에게 전도하다

아덴에서 바울의 전도 방법은 두 가지였습니다. 회당에 들어가서는 유대인을 만나서 전도하고, 장터로 달려가서는 날마다 만나는 사람과 변론하는 방법으로 전도했습니다.

"회당에서는 유대인과 경건한 사람들과 또 장터에서는 날마다 만나는 사람들과 변론하니"(17:17).

바울이 장터에서 만난 전도 대상자는 소위 지성인들이었습니다. 에피쿠로스와 스토아 철학자들이었습니다(17:18). 그들은 너무나 유식해서 자신의 지적 수준에 못 미치는 것에는 아예 관심도 두지 않았고, 무언가 배울 것이 있거나 새로운 것이어서 들을 만하다 싶을 때에만 귀를 기울였습니다.

에피쿠로스 철학자들은 무신론자들로, 쾌락을 최고선으로 여기는 자들이었습니다. 쾌락을 누릴 수만 있다면 어떤 수단과 방법도 정당화했습니다. 영혼은 물질이고, 사람이 죽으면 모든 것이 무로 돌아간다고 생각했기 때문에 사후 심판이나 내세는 믿지 않았습니다. 한마디로 현세주의자들이었습니다. 한편 스토아 철학자들은 범신론자들이었습니다. 그들은 영혼도 물질이라고 생각해 사람이 죽으면 그 영혼은 기운처럼 날아가서 신적인 존재인 이성과 하나가 되어 버린다고 보았습니다. 이성을 최고의 도덕적인 판단 기준으로 삼고 이성을 따라서 생각하고 추구하면 완전해질 수 있다고 믿었습니다.

향락주의로 흐른 에피쿠로스 철학자와 또 이성으로만 판단하는 스토아 철학자들 앞에 바울이 섰습니다. 신(神)관도 다르고, 세계관도 다르고, 가치관도 다릅니다. 생의 목적도 다릅니다. 그러나 바울은 이들을 외면하지 않았습니다. 하나님의 진리를 그들에게 심어 주기 위해 끝없는 변론도 사양하지 않았습니다. 이런 바울에게 아덴의 지성인들이 매력을 느꼈습니다. 그래서 그들은 바울을 아레오바고로 데려갔습니다.

"그를 붙들어 아레오바고로 가며 말하기를 네가 말하는 이 새로운 가르침이 무엇인지 우리가 알 수 있겠느냐"(17:19).

아덴은 아크로폴리스와 아고라 두 곳을 중심으로 도시가 형성되어 있습니다. 그리고 그 가운데 지역을 '아레오바고'라고 했습니다. 우리나라로 말하면 광화문 네거리 정도가 될 것입니다. 거기에는 지성인들이 모여 하루 종일 철학적인 문제를 가지고 토론하고 변론하고 웅변으로 발표하는 광장이 있었습니다. 바울이 드디어 그들과 함께 앉았습니다.

한번 생각해 봅시다. 만약에 우리가 예수 믿는 사람으로서 이렇게 쟁쟁한 지성인들이 모인 장소에서 복음을 전해야 되는 기회가 주어진다면 어떻게 하겠습니까? 이런 상황에 놓인다면 누구나 긴장할 것입니다. 바울도 조금 긴장한 것 같습니다. 바울의 메시지를 가만히 들여다보면 '예수'라는 단어는 한 번도 등장하지 않습니다. '십자가'라는 말도 안 나옵니다. 아주 묘하게 끌고 갑니다. 어떤 학자들은 32절에 나오는 이유 때문에 설교가 중단되어 그렇다고 봅니다.

"그들이 죽은 자의 부활을 듣고 어떤 사람은 조롱도 하고 어떤 사람은 이 일에 대하여 네 말을 다시 듣겠다 하니"(17:32).

　바울의 메시지를 사람들이 조롱하고 비웃고 아주 우습게 생각했던 모양입니다. 그래서 말을 계속할 수 없는 상황이 되었던 것 같습니다. 그래서 복음을 전할 수 있는 기회를 놓쳤다고 해석하는 사람이 있습니다. 상당히 일리가 있는 이야기입니다. 그러나 그 전까지의 내용을 보면 바울이 복음을 전할 기회를 놓쳤다기보다는 아덴에서는 좀 다른 형태로 메시지를 전한 것으로 보입니다. 철학적으로 접근했던 것입니다.

　지성인들과 함께하는 분위기에서 예수를 전하려고 할 때 자칫하면 유혹에 빠집니다. 신학교를 갓 졸업한 때인 것 같습니다. 서울대 의대 교수들과 학생들의 모임에 초청을 받은 일이 있습니다. 한번 생각해 보십시오. 이제 겨우 신학교 나온 풋내기 전도사가 굉장한 지성인들 앞에 서야 하는 상황이었습니다. 무엇을 어떻게 해야 하나 고민 고민하다가 책을 잔뜩 쌓아 놓고는 좀 유식하다는 말들을 뽑아, 듣기에 유치하지 않을 정도로 문장도 좀 만들고, 지성인들 수준에 맞도록 손질하고 다듬고 밤새도록 법석을 떨었습니다. 준비된 것을 읽어 보니 유명한 사람들 이름도 나오고 제법 그럴싸해 보였습니다. 이 정도면 그 모임의 참석자들이 귀를 기울여 주겠구나 하고 갔습니다. 갈 때도 얼마나 긴장을 했겠어요? 집에서 몇 번을 읽어 보면서 외우고 했습니다.

　드디어 설교를 하러 단상에 올라갔습니다. 그런데 도무지 입이 열리지 않았습니다. 눈앞이 캄캄해졌습니다. 청중이 듣는지 마는지 도대체 분간도 안 되고, 마음은 답답하고, 나중에는 부끄러워서 쥐구멍에라도 들어가고 싶은 심정이었습니다. 한 20분 땀을 뻘뻘 흘리면서 준비한 원고를 다 읽었습니다. 얼마나 속이 상하던지요. 그저 소박하게 예수를 전하면 될 텐데 제가 인간적인 생각을 앞세우다 함정에 빠진 것이었습니다.

한국 교회는 한때 지성인들을 무시하고 지내 왔습니다. 상대하기가 거북하니까 말입니다. 그들을 위한 어떤 준비도 없고, 그들을 꼭 구원해야겠다는 절실한 마음도 없이 오히려 지성인들이야말로 구원받기 어려운 존재라고 생각했습니다. 아직도 상당수의 교회 안에서는 지성인들을 위한 어떤 대비책이 없는 것을 봅니다. 공부를 많이 한 분들, 철학적이고 약간 회의적이면서 좀 까다로운 그런 사람들이 교회에 들어오면 대부분 따돌림을 받게 됩니다. 그래서 아직도 많은 지성인들이 교회 밖에 있습니다.

교회는 책임의식을 느껴야 합니다. 예수님이 죄인들을 찾아왔고, 천한 자들을 찾아왔기 때문에 우리가 낮은 자, 죄인들을 찾아가는 것도 하나님이 기뻐하는 일이겠지만, 물질이든 지식이든 무언가 좀 가진 사람들을 외면하고 지나가서는 안 됩니다. 그들도 복음이 필요한 사람들입니다.

실패한 메시지, 성공한 메시지

아덴에서 전한 바울의 전도가 성공이냐 실패냐에 대해서는 두 가지 견해가 맞서고 있습니다.

먼저 성공했다고 보는 편은 사람들이 얼마나 예수 믿고 돌아왔느냐 하는 것처럼 눈에 보이는 것으로만 성공의 여부를 따질 수 없다는 전제를 갖고 봅니다. 바울이 아덴에 심어 놓은 복음이 나중에 어떤 역할을 했는지 사실 우리는 잘 모릅니다. 17장 34절을 보면 몇 사람이 그와 가까이 했다고 합니다. 이 말은 풀로 붙였다는 것과 같은 뜻으로, 어느 정도로 바울에게 매력을 느끼고 찰싹 달라 붙었으면 풀로 붙여 놓은 것같이 친해졌다는 표현을 했을까요? 그리고 그들은 바울이 전하는 복음을 믿었습니다.

그중에는 아레오바고 관원인 디오누시오가 있었습니다. 그는 아레오바고의 열두 재판관 중의 한 사람이었습니다. 다마리라는 여자도 있었습니다. 재판관들과 자리를 함께한 여성이라면 적어도 아덴의 지도급 인물임이 분명합니다. 디오누시오와 함께 다마리라는 여성이 예수 믿고 돌아왔다는 것은 바울의 메시지가 일단 성공한 것이라고 보는 견해에 큰 역할을 합니다.

반대로 바울이 실패했다고 하는 사람들의 견해는 이렇습니다. 우선 바울의 메시지 자체가 무엇인가 좀 부족하다고 말합니다. 바울이 아덴에서 나와 고린도에 왔을 때 고백한 말을 보면 알 수 있습니다.

"형제들아 내가 너희에게 나아가 하나님의 증거를 전할 때에 말과 지혜의 아름다운 것으로 아니하였나니 내가 너희 중에서 예수 그리스도와 그가 십자가에 못 박히신 것 외에는 아무 것도 알지 아니하기로 작정하였음이라"(고전 2:1-2)

아덴에서 돌아온 바울은 고린도에서 개척하며 이런 의미심장한 말을 했습니다. 고린도에서의 이 고백이 아덴에서 선교한 것과 별로 관계가 없으면 연결할 필요가 없지만, 아덴의 선교를 실패했다고 보는 사람들은 이 고백에서 아덴에서 메시지를 잘못 전한 것을 후회한 흔적을 발견한다고 봅니다. 그리고 바울이 실패했다고 보는 사람들은 여기서 세례 받았다는 말이 없다는 것과, 교회가 설립되었다는 말이 전혀 없는 것을 또한 그 근거로 삼고 있습니다. 차라리 바울이 좀 덜 지성적이었다면 아덴에서 성공했을 것이라는 말도 합니다. 오히려 워낙 지성인이었기 때문에 상대에 맞섰고, 그러다가 바울이 실패했다고 말합니다.

어떤 면에서는 그렇습니다. 전도를 하든지 또 목회를 하다 보면 아주 유식한 사람에게는 아주 무식한 목사가 통할 때가 있습니다. 지식 수준이 높은 교인들이 많이 모이는 곳에 또 수준급의 학위를 가지고 있는 목사가 들어가면 좋은 점도 있지만 대부분 너무 이론적이고, 냉랭하고, 서로 재다 보니 교회에 활기가 없습니다. 차라리 약간 무식한 목사가 들어가서 체면이고 뭐고 일단 들으라 하는 식으로 복음을 전하면 오히려 그 메시지가 사람을 붙들고 역사를 일으킵니다.

복음을 전하는 사람이 지식으로 전해야겠다는 유혹을 받으면 실패합니다. 그러므로 말씀을 가지고 있는 사람은 항상 소박한 복음에 의지해야지 자기의 어떤 지성에 의지를 하게 되면 복음이 약화되어 버릴 위험이 대단히 많습니다. 다루기 거북한 사람을 만난다면 무슨 철학적인 이론으로 맞서려고 하지 말고 소박한 예수 그리스도와 십자가로 맞서야 합니다. 그럴 때 그 사람의 마음속에서 역사가 일어납니다.

너희가 알지 못하는 신

바울이 전한 메시지의 주제는 '알지 못하는 신'이었습니다. 그리고 접촉점은 종교성이었습니다. "아, 여러분들 보니까 종교성이 대단히 많군요" 하며 인정해 주고 이야기를 꺼냈습니다. "천지와 우주를 만드신 신께서는" 하고 서두를 꺼냅니다. 메시지의 흐름을 보면 무언가 겨냥을 하고 흐르는 것을 읽을 수가 있습니다. 바울의 메시지는 잘못된 것이 아니었습니다. 그의 메시지는 간단했습니다.

"너희들이 알지 못하는 신을 내가 이야기해 주마. 그 신이 누구냐 하면 창조주다. 창조한 다음 이 우주를 붙들고 이 우주를 지탱해 나가시는 섭리자요 통치자다. 하나님은 우주를 만드신 분이기 때문에 우주 속에 그의 모습이 나타나 있고, 그분은 우리와 가까이 계신다. 그러나 아덴 사람들아, 너희는 종교성이 대단히 많은데도 이때까지 그 하나님을 찾지 못했구나. 고작 찾은 것이 알지 못하는 신이냐? 고작 찾은 것이 돌로 만들어 놓은 우상인가?"

바울의 메시지 배후에는 굉장히 비판하는 투의 뜻이 숨어 있습니다. 아덴 사람들이 모르는 것을 이제 가르쳐 주겠다는 그의 의지가 담겨 있습니다.

"이는 정하신 사람으로 하여금 천하를 공의로 심판할 날을 작정하시고 이에 그를 죽은 자 가운데서 다시 살리신 것으로 모든 사람에게 믿을 만한 증거를 주셨음이니라 하니라"(17:31).

'정하신 사람'이란 예수 그리스도를 말합니다. 바울은 심판 받지 않기 위해서는 예수를 믿으라고 말합니다. 부활하신 예수 그리스도를 믿으면 너희들도 부활한다고 말입니다. 그러고 나서 바울의 메시지가 끊겨 버렸습니다. 사람들이 듣지 않고 조롱하고 비웃었기 때문입니다.

아덴에서의 바울의 메시지와 선교는 그렇게 성공한 편은 아니라고 생각합니다. 어떤 면에서는 바울의 기대에 못 미쳤다고 생각합니다. 그리고 메시지도 강하게 전달하지 못했다는 데 어느 정도 동의를 합니다.

그러나 성공 여부와 관계없이 아덴에서 전한 바울의 메시지는 상당히 고백적입니다. 아덴 사람들은 '알지 못하는 신'이라고 막연히 표현했지만, 바울은 마치 하나님을 옆방에 가서 금방 보고 나온 사람처럼 조금도 주저 없이 말했습니다.

우리도 지성인들과 이야기할 때 바울처럼 우리 자신이 믿음으로 분명히 본 예수 그리스도를 자신 있게 말할 수 있어야 합니다. 그분만이 우리의 구원자라는 것을 조금도 의심하지 않고 말할 수 있을 때 회의적인 생각으로 왔다 갔다 하는 지성인들이 매력을 느끼게 됩니다. "저 사람은 지식도 별로 없는데 어떻게 하나님에 대해 저렇게 자신 있게 말할까? 무엇인가 있지 않을까? 나는 지금까지 공부를 해왔어도 아직 확증을 못 하고 있는 이 사실을 어떻게 저 사람은 저렇게 자신 있게 말할 수 있을까?"하고 도전을 받게 될 것입니다.

지성인이라고 해서 그 사람에 맞춰 하나님의 개념을 애매하게 표현하지 말고 바울처럼 분명하게 표현해야 합니다. 그러면 듣는 사람이 그 말씀 앞에 사로잡힐 수가 있습니다.

또한 우리가 메시지를 전하다 보면 어떤 경우는 아덴에서처럼 신통치 않은 결과를 가져올 수도 있습니다. 믿는 사람이 별로 나타나지 않는 것 같고, 우리의 말에 귀를 기울이는 것 같지도 않고, 결과적으로 사람들이 비웃고 돌아서고, 그래서 우리 자신이 무능하게 느껴지며 좌절감을 느낄 수도 있습니다. 그러나 그것을 단순히 실패라고 결론 내릴 수는 없습니다. 하나님의 역사는 금방 눈에 보이는 어떤 것을 가지고 평가할 수 없기 때문입니다.

설혹 실패했다고 해도 우리는 거기서 좌절할 필요는 없습니다. 메시지를 전할 때 모든 사람이 100퍼센트 구원 받고 돌아와야 한다는 법은 성경에 없습니다. 열 번 전해서 아홉 번 실패하더라도 한 번을 통해 하나님의 역사는 일어날 수 있습니다. 하나님의 역사는 전체적으로 보아야 합니다. 실패는 실패 그 자체에서 끝나는 것이 아니라 계속적인 발전과 전진의 한 과정인 것을 기억합시다.

바울이 아덴을 속히 떠난 이유

18장에서 바울은 활동 무대를 아덴에서 고린도로 옮겨 갑니다. 바울이 거쳐 간 도시 중에서 핍박이 없었던 유일한 도시가 바로 아덴입니다. 핍박이 없었기 때문에 상당 기간 그곳에서 활동했으리라 기대되지만, 이상하게 바울은 서둘러 그 도시를 떠났습니다. 왜 핍박도 없는 아덴을 떠나 고린도로 자리를 옮겼을까요?

바울은 이유 없이 선교지를 함부로 옮기는 사람이 아니었습니다. 그의 생각에 지성인들만 모여 있는 지역은 당시의 선교 전략지로는 마땅하지 않다고 판단한 것 같습니다. 하나님의 복음이 전파되려면 이론을 좋아하는 사람도 필요하고, 실제적인 것을 좋아하는 사람도 있어야 합니다. 양자가 혼합된 사회에서 복음이 폭발할 때 다방면으로 급속히 전달되고, 효과적으로 전달될 수 있습니다. 성향이나 직종이 한 가지로만 구성되어 있는 사회라면 이렇게 큰 일을 감당하기는 어렵습니다.

오늘날 일본의 그리스도인들은 지적 수준이 대단히 높습니다. 신학생들의 학문적 수준은 말할 것도 없고 평신도들도 꽤 어려운 책들을 읽고 토론하는 모임을 갖습니다. 수적으로는 우리나라와 비교가 안 되지만 일본 기독교계에서 출판하는 책은 한국의 신학생들이 소화하기 어려울 정도로 수준이 높습니다. 그렇게 지적 수준이 높습니다. 그러나 실제적으로 복음이 전파되고 확장되는 부분에서는 우리나라를 따라오지 못하는 게 사실입니다.

사랑의교회를 개척하면서 처음부터 염두에 둔 것이 있습니다. 너무 지성인들만 모이는 교회가 되지 않았으면 하는 것이었습니다. 캠퍼스 선교만 잘해서 대학생들만 가득 모이는 교회라든지, 명문 고교 출신들만 가득 모이는 교회, 'SKY 마크'를 단 사람만 교회 지도자가 되는 교회는 원하지 않았습니다. 하나님 나라가 힘차게 뻗어 나가려면, 하나님 나라의 일을 감당하려면 구성원도 다양하게 모여야 제격입니다.

아파트 주민들만 많이 모이는 교회도 원치 않았습니다. 그래서 서초동을 좋아했습니다. 개척할 당시에는 주택도 있고 아파트도 있고, 상업지구도 있고 주거지역도 있고, 또 유흥가도 있는 반면 점잖은 곳도 있고, 전부 섞여 있었기 때문에 좋아했습니다. 교통은 조금 안 좋고 시끄럽기는 했지만, 가난한 사람도 있고 잘사는 사람도 있고, 그렇게 다양한 사람들이 모일 수 있어서 좋았습니다.

다양한 사람들이 복음을 받아들이면 그 복음이 미치는 영역 또한 폭넓어집니다. 저는 바울이 아덴을 속히 떠난 이유가 이런 생각과 연관이 있지 않았나 생각해 봅니다.

교회가 주님의 손에 제대로 쓰임 받기 원한다면 다양한 사람들을 전도해야 합니다. 꼭 나와 같은 성향을 가진 사람, 생활수준이 비슷한 사람, 학력이 비슷한 사람만 상대하려고 하지 마십시오. 교회가 위치한 곳을 중심으로 그 주변을 하나님이 주신 선교 지역으로 여기고 전하는 것이 좋습니다.

다양성을 지닌 교회는 어떤 말씀이 이 사람에게는 전혀 영향이 없더라도 저 사람에게는 영향을 미치고, 또 어떤 날은 그 반대의 상황이 되어서 각자 은혜 받은 대로 상호 보완을 이루게 됩니다. 만약 부족함이 없이, 세상에서 실패를 모르고 산 사람들만 모인 교회가 있다고 하면 주님이 주시는 위로가 무슨 소용이 있겠습니까? 은혜가 은혜인 줄도 모르게 될 것입니다.

주님의 교회는 마치 다양한 꽃이 모여 아름다운 색이 조화를 이루는 화원과도 같습니다. 화려한 장미도, 소박한 풀꽃도 한데 어우러져 제 몫의 아름다움을 발하며 하나님의 정원을 이룹니다.

사도행전 18장

69 영적으로 캄캄한 도시에서 위로를 받다

**밤에 주께서 환상 가운데 바울에게 말씀하시되
두려워하지 말며 침묵하지 말고 말하라 내가 너와 함께 있으매
어떤 사람도 너를 대적하여 해롭게 할 자가 없을 것이니**

_ 사도행전 18:9-10상

아덴을 떠난 바울은 남서쪽으로 80킬로미터 지점에 위치한 고린도 성으로 갔습니다. 고린도는 아덴과 매우 대조적인 도시입니다. 아가야 지방의 수도이자 상업과 무역이 발달한 항구도시로, 지도상 '개미허리'에 위치해 있던 고린도는 동방과 로마를 이어 주는 역할을 하며 동서 문화의 혼합을 이루고 있었습니다.

특히 신전이 많기로 유명한 곳이었는데 신전에는 소위 '신성한 창녀'라 불리는 매춘부 1,000여 명이 상주했고, 신전을 찾는 남자들은 이들과 육체적인 관계를 맺는 것이 곧 신과 접촉하는 것이라고 여기는 신앙을 가지고 있었습니다. 그러니 도시 전체가 성적

으로 얼마나 문란했겠습니까? 이런 고린도를 빗대어 당시에 회자되는 말이 있었습니다. '코린티아조마이'(Korinthiazomai)라는 말인데, 원래 의미는 '고린도인이 되다'이지만 그보다는 '성적으로 방탕하다'는 뜻으로 통용될 정도로 고린도는 악명을 떨치고 있었습니다.

바울은 이렇게 타락한 도시를 선교 거점 지역으로 삼았습니다. 아마도 여러 가지를 고려해 볼 때, 이곳에 복음의 씨를 뿌리면 상당한 파급 효과를 얻을 수 있을 것이라 판단한 것 같습니다. 이곳에서 그는 데살로니가 교회에 보내는 편지(데살로니가전·후서)를 썼고, 이후에 다시 방문했을 때는 그 유명한 로마서를 썼습니다.

두려워 떠는 바울

고린도를 향해 발걸음을 옮긴 바울은 드디어 무시무시한 마귀의 도성을 대적해야만 했습니다. 바울은 스스로 상당히 위축되어 있었습니다. 특히나 고린도 사람들은 그에게서 '말이 신통치 않다'는 인상을 받았습니다. 아덴에서만 해도 '말쟁이'라는 말을 들었는데 말입니다. 고린도의 여건이 주는 위압감 때문이었던 것 같습니다. 바울은 기도하는 사람이요, 영적으로 상황을 분별할 줄 아는 눈을 가진 사람이요, 마귀의 세력이 그를 향해 어떻게 엄습해 오는지도 잘 아는 사람이었습니다. 그러나 고린도에서만은 퍽 약한 사람으로 보였습니다.

"내가 너희 가운데 거할 때에 약하고 두려워하고 심히 떨었노라"(고전 2:3).

복음으로 정복하기 위해 고린도로 들어간 바울을 생각해 볼 때 얼마나 대조적인 말씀인지 모릅니다. 상대는 무시무시한 거인, 지옥의 사신처럼 보이는 고린도였지만, 정복자로 들어간 바울의 자세와 입장은 그에 비해 너무나 초라했습니다. 그는 심히 떨었고, 두려워했습니다. 전도하기가 몹시 힘들 것이라는 부담감 때문에 위축될 대로 위축되었을 것입니다. 그러나 아이러니하게도 바울의 그 자세는 승리할 수 있는 비결이 되었습니다.

영적으로 거인을 정복할 수 있는 능력은 자신감을 갖는 사람을 통해 나타나는 것이 아니라 자신이 아주 약함을 알고 부들부들 떠는 사람을 통해 나타납니다. 이것은 영구불변의 진리입니다. 전도자는, 또 복음을 가진 교회는 혈과 육의 싸움을 위해 몸부림치는 것이 아니요, 보이지 않는 정사와 권세, 보이지 않는 이 어두움의 세상 주관자들과 하늘에 있는 악의 영들과 대결하기에 혈과 육으로 싸우는 사람입니다. 보이지 않는 영계의 싸움에서 혈과 육은 의미가 없습니다. 그러므로 성령의 능력만이 고린도와 같은 무서운 악의 세력을 꺾을 수가 있습니다.

그렇다면 언제 성령이 우리를 통해서 강하게 역사하실까요? 스스로 부들부들 떨 때만이 가능합니다. 경험의 머리를 들지 말아야 합니다. 성경을 많이 안다고, 신앙의 경력이 많다고 머리 들지 말아야 합니다. 겸손해야 합니다. 낮아져야 합니다. 오직 하나님의 능력만을 기다려야 됩니다. 그럴 때만이 성령이 나를 손에 쥐고 사용하십시오. 성령의 손에 잡히지 않을 만큼 강하고 크면 성령께서 능력 있게 일하시지 못합니다. 바울은 고린도에서 부들부들 떨었기 때문에 성공할 수 있었습니다.

첫 번째 위로

영적으로 캄캄한 고린도 앞에서 부들부들 떠는 바울에게 하나님은 세 가지 선물을 준비해 주셨습니다.

"아굴라라 하는 본도에서 난 유대인 한 사람을 만나니 글라우디오가 모든 유대인을 명하여 로마에서 떠나라 한 고로 그가 그 아내 브리스길라와 함께 이달리야로부터 새로 온지라 바울이 그들에게 가매"(18:2).

첫 번째 선물은 아굴라 부부입니다. 아굴라와 브리스길라는 원래 로마에 살던 유대인이었지만, 황제 글라우디오가 로마에서 유대인을 추방하자 고린도로 이민 오게 되었습니다. 역사가 수에토니우스의 기록을 보면, 당시 유대인들이 로마에서 '그리스도'라는 이름으로 계속 소란을 피웠기 때문에 추방령이 내려졌다고 합니다. 이렇게 '그리스도' 때문에 핍박을 받아 생활 터전을 잃어버린 아굴라 부부는 고린도에서 전도자 바울과 만나게 됩니다.

요즘이야 길에서 예수 믿는 사람을 만나도 그다지 반가워하지 않지요. 해외에서 우연히 교포들 중에 믿는 사람을 만나도 옛날처럼 그렇게 부둥켜안고 좋아하지 않습니다. 요즘엔 교인들이 하도 많아서 그런지 만나도 귀한 줄 모르고, 반가운 줄을 모릅니다. 그러나 바울 당시에는 신자들끼리 서로 만난다는 것, 복음 때문에 핍박받는 사람들끼리 만난다는 것만큼 가슴 벅차고 눈물겨운 일이 없었을 것입니다.

바울은 아굴라 부부 덕분에 그 삭막한 고린도에서 의지하고 머물 곳을 얻게 되었습니다. 하나님이 바울을 위해 아굴라 부부를 예비해 놓으셨던 것입니다. 할렐루야! 정말 놀라운 하나님의 섭리입니다. 바울이 아굴라 부부를 만나고 얼마나 용기를 얻었을까요? 서로에게 얼마나 힘이 되었을까요? 그 마음속에 얼마나 감사가 넘쳤을까요? 세 사람이 만났을 때 얼마나 큰 기쁨으로 충만했을까 생각해 봅니다.

신약성경에서 가장 이상적인 부부를 꼽는다면 아굴라와 브리스길라 부부가 아닌가 싶습니다. 믿음 좋고, 말씀을 잘 알고, 헌신할 줄 아는 뜨거운 마음도 있었습니다. 그래서인지 일생 동안 바울과 교제가 끊어지지 않은 것을 바울 서신서에서 볼 수 있습니다.

"바울은 더 여러 날 머물다가 형제들과 작별하고 배 타고 수리아로 떠나갈새 브리스길라와 아굴라도 함께 하더라"(18:18상).

이들 부부는 고린도에서 바울과 생업을 같이하며 전도하다가 바울이 핍박을 받아 에베소로 쫓겨 갈 때 함께 짐을 싸서 따라나섰습니다. 바울보다 먼저 고린도에 정착해 살면서 어느 정도 자리도 잡히고 안정을 누렸을 텐데 이렇게 선뜻 바울과 함께 떠나는 것이 결코 쉬운 일은 아니었을 것입니다. 그들은 한마디로 이 세상의 나그네였습니다. 여기서 살든, 저기서 살든 그런 것은 중요하지 않았습니다. 복음을 위해 할 수 있는 일이라면 뭐든 하자는 마음이었습니다.

하나님은 이처럼 기가 막힌 사람들을 로마에서 불러내셔서 고린도에 먼저 자리를 잡게 하시고는 바울을 만나게 하셨습니다. 이 얼마나 놀라운 은혜인가요. 사역자에게 있어 사람과의 만남이 주는 신비로움은 말로 다 표현할 수가 없습니다.

평신도들도 마찬가지입니다. 내가 누구라고 해도 알아주는 사람도 없고, 어느 교회 집사라고 해도 인정해 줄지 안 해줄지 모릅니다. 그런 상황에서 이웃에게 다가가 예수 이름으로 봉사하고 복음 증거하고자 할 때 당연히 두렵기만 할 것입니다. 떨릴 수밖에 없습니다. 그럴 때 마음속에 꼭 확신하십시오. 반드시 나와 뜻을 같이하고 함께 기도하고 함께 복음을 위해 수고할 형제자매 한두 명은 하나님께서 예비해 주실 거라는 사실을 말입니다.

그리스도인으로서 사업을 한다든지 직장생활을 할 때 이렇게 기도하지 않습니까. 이 사업을 통해, 이 직장에서 하나님의 영광을 위해 일할 때 나와 뜻을 같이하고, 함께 손잡고 기도하고 움직일 수 있는 믿음의 형제자매를 만나도록 말입니다. 여호와 이레의 하나님께서 준비하실 것입니다. 하나님은 우리가 만나야 할 사람까지도 간섭하시고 예비하시는 분이십니다.

두 번째 위로

브리스길라와 아굴라 외에도 하나님이 바울을 위해 준비해 주신 것이 또 있습니다.

"실라와 디모데가 마게도냐로부터 내려오매 바울이 하나님의 말씀에 붙잡혀 유대인들에게 예수는 그리스도라 밝히 증언하니"(18:5).

바울이 홀로 아덴에 들어갈 때를 기억해 봅시다. 바울은 그때까지 함께 다니던 디모데와 실라를 각각 데살로니가와 빌립보로 보내 그곳 교회를 돌아보게 하고 성도들의 소식을 가져오게 했습니다. 이 두 사람이 이제 고린도에 있는 바울에게 돌아왔습니다.

데살로니가 교회로 갔던 디모데는 굉장한 희소식을 전해 줍니다. 핍박 가운데 복음을 받은 데살로니가의 성도들은 바울이 떠난 후 얼마나 신앙생활을 잘했는지 믿는 자의 본이 되어 마게도냐 지역 일대에 소문이 자자하다는 것입니다. 뿐만 아니라 떠난 바울을 그리워하며 바울을 위해 기도하는 든든한 후원자가 되었다는 소식까지 있었습니다. 바울이 얼마나 기뻐하고 감사했는지 성경에 잘 나타나 있습니다.

"이러므로 형제들아 우리가 모든 궁핍과 환난 가운데서 너희 믿음으로 말미암아 너희에게 위로를 받았노라 그러므로 너희가 주 안에 굳게 선즉 우리가 이제는 살리라 우리가 우리 하나님 앞에서 너희로 말미암아 모든 기쁨으로 기뻐하니 너희를 위하여 능히 어떠한 감사로 하나님께 보답할까"(살전 3:7-9).

눈물과 땀으로 뿌린 씨앗이 결실한다는 소식만큼 기쁜 소식은 없고, 변함없는 사랑으로 기도하고 그리워한다는 말만큼 사역자들에게 용기와 격려를 불러일으키는 것은 없습니다. 사역자들에게 필요한 것은 돈이 아닙니다. 눈물로 뿌린 복음의 씨가 무럭무럭 자라나 아름다운 열매를 맺는 것입니다. 성도들이 말씀대로 살고자 애쓰고 변함없는 사랑으로 교제한다는 것만큼 기쁜 소식이 없습니다.

반면 사역자의 마음을 제일 괴롭히는 것을 꼽으라면 두 단어로 말할 수 있습니다. 하나는 '실패' 또 하나는 '배신'입니다. 그야말로 젊음을 바치고 혼신의 힘을 다해 섬기던 교회에서 모든 것을 잃고 그 자리를 떠나야 하는 일들이 비일비재합니다. 그 마음을 누가 이해하겠습니까? 그뿐만이 아닙니다. 사랑으로 양육하던 성도들이 등을 돌리고 떠나는 것을 볼 때 사역자들의 마음은 칼로 찌르는 것 같은 아픔을 느끼게 됩니다. 그러나 바울은 이런 배신을 당하지 않았습니다. 디모데가 가져온 데살로니가 교회의 소식에 큰 위로를 받았습니다.

한편 빌립보에서는 무엇이 왔습니까? 실라가 빌립보 성도들이 보내는 선교비를 받아 왔습니다. 그래서 실라와 디모데가 돌아온 후부터 바울 일행은 복음 전하는 일에만 전념할 수 있었습니다. 빌립보 교회는 참 인정이 많은 교회입니다. 바울이 그렇게 고생하는 것을 알고는 사람만 가면 선교비를 부쳐 보냈습니다. 바울이 데살로니가에서 사역할 때도 그랬고, 고린도로 옮기자 또 부쳐 보냈고, 나중에는 로마에 가 있을 때도 그랬습니다. 그러니 바울이 얼마나 힘을 얻었겠습니까?

🔊 고린도에서 하나님이 준비하신 이러한 위로들을 보면서 한 가지 분명한 진리를 꼭 기억했으면 합니다. 하나님 나라를 위해 수고하는 것이 어떤 때는 몹시 지치고, 어떤 때는 시험과 환난도 많고, 어떤 때는 성공의 가능성도 보이지 않을지라도, 그런 때일수록 하나님이 준비하시는 은밀한 위로가 있다는 것을 기억합시다. 디모데의 위로, 실라의 위로, 데살로니가 교회의 위로, 빌립보 교회의 위로가 있다는 것을 기억합시다.

하나님의 나라와 하나님의 의를 먼저 구하십시오. 무엇을 먹고, 무엇을 입을까, 또 어떻게 살까 하는 것은 하나님께서 해결해 주실 것입니다. 하나님 중심으로 살려고 노력하면, 무슨 직업을 가졌든지 어떤 현장에서 일을 하든지 간에 보이지 않는 하나님의 위로가 반드시 있습니다.

세 번째 위로

주님께서 바울을 위해 준비하신 세 번째 위로는 바로 예수님 자신이었습니다. 예수님이 밤중에 환상 가운데 나타나신 것입니다. 바울이 선교 여행을 할 때 예수님이 특별히 환상 중에 나타나신 경우가 몇 번 있습니다. 우리 생각 같으면 바울 같은 사람에게는 예수님이 날마다 나타나실 것 같은데 성경에 기록된 것은 세

번밖에 없습니다. 고린도에서 부들부들 떨고 있을 때, 예루살렘에서 잡혀 있을 때, 그리고 풍랑을 만나 망망대해에서 2주 동안 헤맬 때입니다. 그때 예수님은 바울에게 오셔서 특별히 위로해 주셨습니다. 이런 위로만 있다면 어떤 상황에서도 우리는 좌절하지 않을 수 있습니다.

"밤에 주께서 환상 가운데 바울에게 말씀하시되 두려워하지 말며 침묵하지 말고 말하라 내가 너와 함께 있으매 어떤 사람도 너를 대적하여 해롭게 할 자가 없을 것이니 이는 이 성중에 내 백성이 많음이라 하시더라"(18:9-10).

예수님의 위로는 바울을 일으켜 세웠습니다. 담대하게 했습니다. 그 마귀의 도성에서 바울은 더 이상 떨지 않았고, 성령을 의지하며 복음을 전했을 뿐만 아니라 1년 6개월을 머물며 하나님의 말씀을 가르치게 되었습니다.

70 고린도 선교가 대성공을 거둔 이유

또 회당장 그리스보가 온 집안과 더불어 주를 믿으며
수많은 고린도 사람도 듣고 믿어 세례를 받더라
일 년 육 개월을 머물며 그들 가운데서 하나님의 말씀을 가르치니라
_ 사도행전 18:8, 11

고린도는 정복하기 어려운 죄악의 도성이었습니다. 바울이 부들부들 떨 정도였고, 그런 바울을 하나님께서 특별히 위로하실 만큼 힘든 도시였습니다. 그런 곳에서 바울이 안식일마다 회당에서 강론할 때 '예수는 그리스도'라고 밝히 증언하자 유대인들의 반발이 거세졌습니다. 어떻게 나사렛 예수가 메시아가 될 수 있냐며 바울이 전도하지 못하도록 방해했습니다. 결국 바울은 그들을 향해 옷을 털며 이렇게 말합니다.

"…이르되 너희 피가 너희 머리로 돌아갈 것이요 나는 깨끗하니라 이

후에는 이방인에게로 가리라 하고"(18:6).

옷을 터는 행위는 '이제 나는 너희에 대해 더 이상 책임이 없다'는 뜻입니다. 복음을 거부한 대가는 고스란히 그들 자신에게 돌아갈 것이라는 말입니다. 이것은 신약에서 예수님이 제자들을 보내실 때 하신 말씀이며, 그보다 앞서 구약에서 하나님이 에스겔 선지자를 보내실 때 일러 주신 말씀이기도 합니다.

"가령 내가 악인에게 이르기를 악인아 너는 반드시 죽으리라 하였다 하자 네가 그 악인에게 말로 경고하여 그의 길에서 떠나게 하지 아니하면 그 악인은 자기 죄악으로 말미암아 죽으려니와 내가 그의 피를 네 손에서 찾으리라 그러나 너는 악인에게 경고하여 돌이켜 그의 길에서 떠나라고 하되 그가 돌이켜 그의 길에서 떠나지 아니하면 그는 자기 죄악으로 말미암아 죽으려니와 너는 네 생명을 보전하리라"(겔 33:8-9).

그러므로 가족 중에서 믿지 않는 식구가 있는데도 평생 예수 믿으라는 말 한마디 하지 않고, 그 영혼에 전혀 관심이 없다면 그 사람은 가족에 대한 책임을 다하지 못한 사람입니다. 하나님이 그 책임을 물으실지 모릅니다. 가족에게 욕을 먹어가면서, 핍박받아 가면서 예수를 전했는데도 안 믿었을 때에는 그 책임은 믿지 않는 그 사람이 지게 될 것입니다.

교회도 마찬가지입니다. 교회는 그 지역의 핏값을 감당해야 합니다. 주변에 어떤 사람들이 사는지, 그들이 얼마나 악한 자들인지는 문제가 될 수 없습니다. 문제는 우리 자신이 그들에게 얼마나 전했느냐, 그들에게 복음 들을 기회를 얼마나 주었느냐, 믿지 않는 것이 하나님 앞에 죄라는 것을 깨닫게 하는 데 우리가 책임을 다했느냐는 것입니다. 성도들이 입 다물고 자기들만 교회에 드나들다가 끝난다면 하나님은 그 지역 사람들의 핏값을 교회에 물으실 것입니다. 그때 무어라 대답하겠습니까? 바울처럼 자신 있게 옷을 털어 버릴 수 있습니까? 그렇지 않을 것입니다.

생활터전 위에서 전한 복음

고린도에서의 선교는 대성공을 거두었습니다. 18장 8절을 보면 회당장 그리스보가 온 집안과 더불어 예수를 믿었고, 수많은 고린도 사람들이 복음을 듣고 믿어 세례를 받았습니다. 이 사실은 바울에게 큰 힘이 되었을 것입니다. 지금까지 바울이 복음을 전하면 많은 사람들이 '좋았다'는 말은 있어도 이곳처럼 복음을 듣고 믿어 세례까지 받았다고 정확히 기록된 경우는 거의 없습니다.

고린도 선교가 이렇게 성공할 수 있었던 이유는 바울의 영적 자세 때문입니다. '복음 외에 다른 말은 하지 않겠다. 오직 예수 그리스도의 보혈의 능력을 의지할 뿐이다'라는 각오가 있었기에 하나님께서 책임져 주신 것입니다. 이렇게 영적인 부분과 아울러 실제적인 요인도 있었습니다. 농부가 아무리 최고로 좋은 씨앗을 고르고 준비했다 해도 토양을 검토하고 때를 따라 적절한 방법으로 가꾸는 전략이 없으면 그 농사는 실패한다는 것을 우리는 너무나 잘 압니다. 하나님 나라의 일도 크게 다르지 않습니다. 실제적인 전략에서 실패해 버리면 제대로 열매를 맺을 수 없습니다. 세상에서 이루어지는 일이기 때문에 그렇습니다. 그렇다면 바울의 전략은 무엇이었을까요?

학자들에 따르면 당시 고린도 시 인구는 약 70만 명이었다고 합니다. 그런데 그중 60만 명에 가까운 사람이 노예 아니면 노예 출신의 하류 계급이었다고 합니다. 고린도 시에는 분명 이들이 살고 있는 마을이 형성되어 있었을 것입니다. 로마에서 추방되어 나온 브리스길라와 아굴라 부부가 고린도에 도착했을 때 어디에 자리를 잡았을지 생각해 봅시다. 그들은 아마도 가난한 사람들이 사는 마을에 들어갈 수밖에 없었을 것입니다. 그리고 그곳에 정착하여 작은 점포를 하나 차려놓고 텐트 만드는 일을 시작했을 것입니다. 고린도에 들어와 아굴라와 브리스길라를 만난 바울 또한 그들 틈에 기거했을 것입니다.

우리 자신이 바울이 되어 하나님의 말씀을 가지고 고린도에 왔다고 생각해 봅시다. 브리스길라와 아굴라와 함께 가난한 사람들과 자리하고 있다고 생각해 봅시다. 그들과 함께 일하고 어울리고, 아침저녁으로 때마다 마주칩니다. 그들의 세계를 눈으로 보고 귀로 듣고 몸으로 부딪히며 살아갑니다. 가난하고 못 배운 사람들, 과거에 노예생활로 마음에 상처 입은 사람들이 수두룩했을 것입니다. 바울이 이런 사람들과 생활했다면 분명 이들을 위해 복음을 전했을 것입니다. 이렇게 같은 생활터전 위에서 복음을 전하는 것은 굉장히 유리한 점이 많습니다. 실제적으로 아주 최선의 전략입니다.

지금의 유흥가 일대도 전도 전략상 두 가지로 접근해야 한다고 봅니다. 하나는 전문적인 전도자가 파고 들어가는 것입니다. 얼굴 붉히지 않고 술집에 들어갈 수 있고, 종업원을 만나서 대화할 수도 있는 대담한 전문가가 있어야 합니다. 이 일은 열매가 있든 없든 교회가 지원해야 할 부분입니다. 또 하나 좋은 방법은 믿음 좋은 성도가 이런 지역에 어떤 직종을 찾아서 들어가는 것입니다. 이것이 바로 아굴라와 브리스길라 그리고 바울이 취한 전도 방식이었습니다.

우리나라의 대표적인 유흥가인 강남 일대에 사는 성도들이라면 좀 더 생각해 볼 문제가 있습니다. 자꾸만 유흥가가 많아지고 그 종사자들이 아파트를 점유해 들어오고 있습니까? 그래서 아파트 값이 떨어질까 봐, 또 아이들이 영향을 받을까 봐 발을 동동 구르며 떠날 생각만 하고 있지는 않습니까?

교회를 생각하지 않고, 하나님의 뜻은 생각하지 않고 그저 더 좋은 곳으로 자꾸 옮기는 사람들은 문제가 있습니다. 죄악이 가득한 지역일수록 믿음 좋은 사람들이 더 많이 들어와 살아야 합니다. 그래야만 그 지역 사람들이 구원받을 수 있습니다. 신앙 좋은 사람들이 파고들어서 상점을 열고 생활터전을 일구며 말씀대로 살아야 하나님의 나라가 그곳에 펼쳐질 수 있습니다. 자꾸 짐 싸서 도망만 다녀가지고는 그들에게 복음을 증거할 수 없습니다.

아굴라 부부를 통해 하나님은 바울의 사역을 인도하셨습니다. 그래서 바울은 그런 사람들의 생활 속에 같이 젖어들면서 그들의 고통을 이해했습니다. 그 인생의 밑바닥을 들여다보면서 날마다 눈물로 기도하며 그들에게 사랑을 공급했을 것입니다. 그러면서 하나님께서 언젠가 그들의 마음을 열고 복음을 받아들일 수 있는 기회를 만들어 주실 거라고 확신했을 것입니다.

우리 주님은 창기와 세리를 부르셨습니다. 의인은 예수님과 아무 관계가 없습니다. 이렇게 가난한 자들의 세계에 자리를 잡고 복음을 증거한 것은 바로 예수님의 전략입니다. 우리 주님은 하늘 보좌에 앉아 계신 채로 우리를 내려다보며 '다 내게로 오라'고 하시지 않았습니다. 우리 주님은 신의 모습 그대로 내려오셔서 죄 많은 인간들을 부르시지 않았습니다. 예수님은 가장 천한 모습으로 인간 세상에 오셨습니다. 우리를 만나고, 우리와 함께 한숨 쉬며, 우리와 함께 통곡하고, 우리의 무거운 죄 짐을 거두어 친히 십자가에 달리시면서 우리의 영혼을 하나님 앞으로 인도하셨습니다. 이것이 주님의 방법입니다.

성도들 가운데 특히 어렵고 가난한 사람, 힘없고 상처 많은 사람들과 어울려 살아가는 분들이 있습니까? 그런 분들은 아굴라요, 브리스길라입니다. 또한 바울입니다. 여러분이 접촉하는 사람마다 하나님이 구원하기 원하신다는 것을 꼭 기억합시다. 그들의 세계에 파고들 수 있는 여건을 주신 이유를 아침마다 기도하면서 찾아야 합니다. 왜 하나님이 나를 이런 곳에서 일하게 하시는지 물어야 합니다.

가난한 자를 위한 복음

또 생각할 것은 전문 사역자들이 유흥가에 들어가서 한 사람이라도 건져내 올 때, 교회는 그들이 자립할 수 있도록 끝까지 책임지고 보살펴 주어야 한다는 것입니다. 교회에 이런 대책이 없으면 안 됩니다.

◀» 몸 팔고 살던 사람들이 예수 믿고 돌아오면 누가 그들을 돌봐 주어야 합니까. 오늘날 교회들을 가만히 보면 실질적인 문제에는 책임을 지지 않으면서 예수 믿으라는 말만 하고 다닙니다. 바울이 그랬겠습니까. 바울 당시 교회는 일단 예수 믿고 공동체에 들어오면 다함께 나누어 먹었습니다. 내 것, 네 것 할 것 없이 다 나누어 먹었습니다. 나누어 먹다가 굶어 죽는 한이 있더라도 다 같이 나누어 먹었습니다. 예수 믿고 그리스도인이 되면 먹을 것이 없어서 고민한다든지, 무슨 일을 하면서 살까 하는 걱정은 안 했습니다. 모두가 다 한 몸, 한 공동체가 되어서 그 사람을 교회가 책임졌습니다.

미국에 가면 온통 침례교 교회들입니다. 우리나라에서는 장로교가 우세하지만, 미국에서 장로교는 영향력이 없습니다. 이렇게 미국의 장로교가 실패한 이유가 있습니다. 미국의 장로교는 지식인, 고소득층을 향해 복음의 포문을 열었습니다. 그래서 장로교 교인이라고 하면 벌써 어느 정도 수준 높은 사람으로 인식될 정도였습니다. 한동안은 장로교가 상당히 실력 있는 교단으로 한 시대를 이끄는 지도자적 역할을 하고 있다고 생각되었습니다.

반면 침례교는 정반대로 남부 흑인들 사이에서 시작해 가난한 사람들의 세계로 파고들어 갔습니다. 그들 중에는 은혜 받고 주님을 위해 일하고 싶어도 가난해서 신학 공부를 하지 못하는 사람들이 많았습니다. 그때 몇몇 목사들이 모여 그들에게 안수하고 평신도 지도자로 세우는 일을 했고, 그들은 곧 복음을 들고 가난한 사람, 소외된 사람들이 있는 곳으로 파고들었습니다. 그렇게 100여 년이 흐른 뒤에 상황이 어떻게 되었는지 아십니까? 미국의 침례교인은 1,000만 명이 훌쩍 넘은 반면, 장로교는 말라 빠진 오렌지처럼 쪼그라들었습니다. 교인들이 오순절 교회로, 복음주의 교회로, 혹은 침례교회로 옮겨가 버린 것입니다.

우리나라에서 오순절 교단이 전도를 시작할 때 어디서 시작했습니까? 부자 동네에서 시작했나요? 그렇지 않습니다. 서대문구 녹번동 그 가난한 동네, 천막 쳐 놓고 먹을 것이 없어 날마다 길바닥에서 하루벌이 하는 사람들 사이에서 시작된 것이 오순절 운동이었습니다.

어느 정도 소득이 있고 지적 수준이 높은 분들이 모인 지역의 교회는 늘 한 가지 고민을 안고 있습니다. 왜냐하면 복음은 가난한 자들의 것이기 때문입니다. 성경이 말하는 가난이라는 것은 꼭 심령이 가난한 것만 의미하지는 않습니다. 복음은 심령이 가난할 뿐만 아니라 실제로 가난한 사람들에게 강합니다. 그러므로 교회가 정말 부흥하고 하나님의 역사를 강하게 체험하려면 가난한 사람들이 많이 들어와야 합니다. 부자와 가난한 자가 섞여야 됩니다. 고린도 교회에도 회당장이 노예 출신들과 한 무더기가 되어 주님의 몸 된 교회를 이루었습니다.

우리 한국 교회가 바로 되려면 공부 많이 한 사람들만 들어와서는 안 됩니다. 부자들만 들어와서는 더더욱 안 됩니다. 오히려 길에서 헤매는 사람들, 시장에서 함지 놓고 하루 벌어 먹고사는 사람들이 와야 합니다. 그런 사람들이 우리 옆에 앉아서 은혜 받고 눈물을 흘리며 그리스도를 영접하고 그 상한 마음을 위로받는 것을 볼 때 우리의 마음이 얼마나 뜨거워지겠습니까? 이렇게 서로가 하나가 되면 교회에 힘이 생깁니다. 고린도 교회가 그런 교회였습니다.

머물러 말씀을 가르치다

고린도 교회에 참 귀한 일이 일어났습니다. 소위 성령 운동이 일어났습니다. 바울을 통해 세워진 교회가 많지만 소위 성령 운동의 모델이 된 교회는 고린도 교회뿐입니다. 다른 교회는 그렇게 요란하지 않았습니다. 오순절 성령에 대한 연구를 하는 학자들에 따르면 일반적으로 생활수준이 높고 학식이 높은 사람들에게서는 성령 운동이 잘 안 나타난다고 합니다. 대체로 고통 받고 상처 입고 그야말로 인생의 밑바닥까지 떨어져 신음하고 몸부림치는 사람들의 세계에 성령 운동이 많이 일어나는 것을 봅니다.

고린도 교인들이 그랬습니다. 가난한 사람들, 고통받는 사람들, 사회에서 천대받는 사람들이었기 때문에 예수를 만나고 나니 가슴에 불길이 활활 타올랐습니다. 지적인 이해는 모자랐을지 모르지만, 감정적인 면에서는 굉장히 뜨거웠습니다. 고린도 교회가 이런 면에서 좀 특별했습니다. 그러나 감정적인 면에서 강하고 지적인 부분이 부족한 성도들에게는 더욱 말씀을 잘 가르쳐야 할 필요가 있습니다. 그래야 흔들리지 않는 믿음을 가질 수 있기 때문입니다. 그래서 바울이 어떻게 했나요?

"일 년 육 개월을 머물며 그들 가운데서 하나님의 말씀을 가르치니라" (18:11).

'가르쳤다'는 말은 대단히 중요한 말입니다. 이것은 예수 안 믿는 사람들에게 전도하는 것과는 다른 의미로, 성경 말씀을 구체적으로 가르쳤다는 뜻입니다. 핍박이 일어나 갑작스럽게 고린도를 떠나기 전까지 바울은 그 어느 때보다 열심히 가르쳤던 것으로 보입니다. 조용히 눈을 감고 인생의 밑바닥을 헤매는 사람들로 가득한 고린도의 모습을 그려 봅시다. 그곳에서 복음을 들고 가난한 사람들과 어울려 그들의 가슴을 향해 예수 그리스도의 사랑을 전하던 아굴라와 브리스길라, 그리고 바울의 모습을 상상해 봅시다. 이 세상에 어떤 위로도, 기댈 곳도, 하소연할 곳도 없는 사람들, 태어났으니 죽지 못해 살아가는 사람들과 함께 울고 웃으며 복음을 전하던 그들을 생각해 봅시다. 우리 또한 뜨거운 사명감으로 그러한 삶을 살 수 있기를 바랍니다.

71 지도자 바울의 진면목

바울은 더 여러 날 머물다가 형제들과 작별하고
배 타고 수리아로 떠나갈새 브리스길라와 아굴라도 함께 하더라
바울이 일찍이 서원이 있었으므로 겐그레아에서 머리를 깎았더라
_ 사도행전 18:18

바울이 2차 전도 여행을 마치고 3차 전도 여행을 시작하는 분기점에 와 있습니다. 바로 앞서 바울은 고린도에서 교회를 개척하여 1년 반 동안 많은 심령이 하나님 앞으로 돌아오는 놀라운 역사를 체험했습니다. 그러나 하나님의 나라가 흥왕하자 마귀의 시험과 질투도 극에 달해 결국에는 핍박이 일어났습니다. 바울은 재판을 받는 상황까지 끌려갔다가 겨우 풀려났고, 회당장 소스데네는 예수 믿는다는 이유로 사람들 앞에서 구타를 당했습니다.

이제까지 바울은 전도를 하다가 핍박이 일어나면 그곳을 피해 다른 곳으로 옮겨갔던 것을 볼 수 있습니다. 이것을 보고 '핍박을

피해 도망 다니다니, 바울도 별수 없었구나' 하고 쉽게 생각할 수도 있을 것입니다. 아마 바울은 핍박이 일어나면 그것을 마치 다른 도시로 가라는 하나님의 사인으로 보지 않았나 싶습니다.

그런데 사도행전 18장을 보면 고린도에서만큼은 금방 피하지 않은 것을 볼 수 있습니다. 여러 날을 고린도의 형제들과 더 머물렀다고 나옵니다. 그러니까 이제까지와는 다른 행동을 하고 있는 것입니다. 그러므로 그 이유가 무엇일까 생각해 볼 필요가 있습니다.

목자의 담대함

핍박이 일어났을 때 바울이 보인 반응은 자신의 안전이나 평안을 위한 것이었다기보다는 자기를 통해 예수 믿고 구원 받은 사람들과 갓 태어난 어린 교회에 미칠 영향을 위한 것 같습니다. 자신이 남아 있음으로 믿음의 형제들과 교회가 더 큰 핍박에 휘말릴 위험이 있으면 일단 스스로 피했던 것입니다. 그렇게 함으로써 양 떼를 안전하게 지키려 한 것이 틀림없습니다. 그런데 고린도에서는 자기가 피하지 않고 당장 떠나지 않아도 교회에 직접적인 위험이 없을 것이라는 판단이 섰던 것입니다. 떠날 시기를 정하기까지 형제들과 함께 여러 날 더 머물렀습니다.

목자는 항상 양 떼 앞에서 담대함을 보여 줄 수 있어야 합니다. 어려움 앞에 동요하지 않는 침착한 모습을 보여 주어야 합니다. 목자는 양 떼의 생명에 위협이 가해질 때는 자기 생명을 주저 없이 바치되, 오로지 자기 생명만을 위해 함부로 움직여서는 안 됩니다. 바울은 영적 지도자로서 이것을 하나의 원칙으로 삼았던 것 같습니다. 좀 힘들고 고통스럽고 두려울 때 자신의 안일만을 위해 모두 접고 훌쩍 떠나 버린다든지, 그 상황을 피해 버리거나 그대로 주저앉아 버리는 것은 지도자로서 해서는 안 되는 선택입니다.

어려운 일이 생겼습니까? 가정에서, 직장에서, 안팎으로 궁지에 몰리는 괴로운 일이 생겼습니까? 그럼에도 불구하고 흔들리면 안 된다는 성령의 음성을 듣고 있습니까? 담대해야 합니다. 꿋꿋해야 합니다. 어떠한 희생을 치르더라도 헌신하겠다는 자세를 유지해야 합니다.

이것이 지도자의 자세입니다. 다른 사람을 지도한다는 것이 얼마나 무거운 짐인지요. 피해야 할 때가 있는가 하면 끝까지 버텨야 할 때가 있고, 생명을 아껴야 할 때가 있는가 하면 생명을 기꺼이 버려야 할 때가 있고, 위험을 보고 앞장 서 나아가야 할 때가 있는가 하면 제일 뒤에 숨어 있어야 할 때가 있습니다. 바울은 무모하게 자기 생명을 던지지 않았습니다. 그때그때 상황에 맞게 하나님이 어떻게 인도하시느냐 살피고, 양 떼를 위해 어떻게 행동해야 할지 판단하며 움직였습니다. 목회자나 순장이 아니어도 우리는 모두 먼저 믿은 자로서 예수 갓 믿은 어린 신자에게 선배 역할을 하게 됩니다. 그럴 때 바울이 취했던 이런 태도와 원칙을 배울 필요가 있습니다.

양 떼를 향한 지극한 사랑

바울이 2차 전도 여행을 한 기간은 대략 3년 정도입니다. 18장 18절부터는 2차 전도 여행의 마지막 단계로, 모교회인 안디옥 교회로 돌아가는 과정을 기록한 것입니다. 이 말씀을 읽노라면 그가 얼마나 양 떼를 사랑했는가를 엿볼 수 있습니다. 우선 바울은 고린도에서 겐그레아로, 겐그레아에서 에베소로 갔습니다. 유럽 선교를 마무리하고 겐그레아를 거쳐 소아시아로 건너 온 것입니다. 에베소에서도 오래 머물지 않고 다시 가이사랴와 예루살렘으로 가서 교회의 안부를 물은 다음 드디어 안디옥 교회로 돌아왔습니다. 이렇게 해서 2차 전도 여행이 끝이 납니다.

그러나 바울은 얼마 있지 않아 안디옥을 떠나 1, 2차 때 전도했던 갈라디아 교회로 다시 갑니다. 브루기아 땅을 차례로 다니며 개척해 놓은 교회들을 돌며 모든 제자를 굳건하게 했습니다.

"얼마 있다가 떠나 갈라디아와 브루기아 땅을 차례로 다니며 모든 제자를 굳건하게 하니라"(18:23).

3년이나 수고하고 고향으로 돌아왔으니 한동안 푹 쉴 만도 한데, 양 떼를 너무 사랑하는 마음에 견디지 못하고 또 떠난 것입니다. 이러한 바울의 심정은 다른 곳에서도 찾아 볼 수 있습니다.

"내가 예수 그리스도의 심장으로 너희 무리를 얼마나 사모하는지 하나님이 내 증인이시니라"(빌 1:8).

"우리가 이같이 너희를 사모하여 하나님의 복음뿐 아니라 우리의 목숨까지도 너희에게 주기를 기뻐함은 너희가 우리의 사랑하는 자 됨이라"(살전 2:8).

우리가 신앙생활을 하다 보면 가족을 제외하고 누구를 가장 사랑하게 됩니까? 아주 남남이면서도 내 사랑과 관심이 제일 많이 가는 사람은 바로 내가 전도해서 예수 믿은 사람입니다. 영혼의 자식이기 때문에 그렇습니다. 나보다 나이가 많아도 그 사람은 내 자식입니다. 영적 자식입니다. 영적으로 낳은 자녀는 애착이 갑니다. 사랑하게 됩니다. 떠나 있으면 보고 싶어집니다.

바울에게 있어 소아시아와 유럽에 있는 여러 교회는 그야말로 특별했습니다. 그들은 매를 맞아가면서 낳은 영적인 자녀요, 수모를 받아가면서 얻은 영적인 자녀요, 어떤 때는 돌멩이를 맞아 사경을 헤매면서 낳은 영적인 자녀요, 굶주림과 헐벗음도 개의치 않고 고통당하며 낳은 영적 자녀들입니다. 그러니 그들을 향한 마음이 얼마나 지극했겠습니까? 자신의 생명과도 같았을 것입니다.

영적인 지도자는 양 떼를 사랑합니다. 어떤 때는 가시 노릇 하는 사람이 있고, 어떤 때는 귀찮게 구는 사람이 있고, 마음이 안 가는 사람도 있고 별의별 사람이 다 있습니다. 그렇다면 더더욱 자신을 괴롭게 하는 사람을 위해 먼저 기도해 봅시다. 제일 미운 사람을 위해 기도해 주고, 그다음에는 가시 노릇하는 사람을 위해 기도합시다. 그러다 보면 마음이 가고 애정이 가고 나중에는 그 자매, 그 형제의 문제가 해결되어 정말 서로 사랑하게 될 날이 올 것입니다. 사랑해야 영적으로 서로에게 깊은 역사가 일어납니다.

바울에게서 볼 수 있는 지도자의 면모 중 하나는 자기를 돌아보지 않는 헌신입니다. 바울은 3년간 전도하다가 돌아왔습니다. 돌아오는 길이 2,000킬로미터 정도 되었으니 휴식이 무척이나 필요했을 것입니다. 게다가 바람을 이용한 범선을 타고 지중해를 가로질러 갔다고 생각해 보면, 도대체 얼마가 걸렸을지, 얼마나 힘들었을지 짐작이 됩니다. 그런 어려운 항로를 거쳐 겨우 돌아왔는데 바울은 쉴 겨를도 없이 다시 선교지로 돌아갔습니다.

"나는 이제 너희를 위하여 받는 괴로움을 기뻐하고 그리스도의 남은 고난을 그의 몸 된 교회를 위하여 내 육체에 채우노라"(골 1:24).

바울은 어떤 어려움이 있어도, 얼마나 고되고 피곤해도 주님의 몸 된 교회들과 양 떼를 위해 그 모든 고통을 감수하겠다는 마음을 갖고 있었습니다. 참된 지도자의 모습입니다. 자기 안일만을 생각하는 사람은 지도자가 아닙니다. 편한 것만 따지는 사람은 지도자가 아닙니다. 선한 목자는 양들을 위하여 목숨을 버린다(요 10:11 참조)는 말씀처럼 바울은 그런 사람이었습니다.

바울은 또한 어린 영혼의 안전과 영적 건강을 염려하는 사람이었습니다. 18장 23절을 보니 교회를 차례차례 다니면서 모든 제자를 굳건하게 했다고 합니다. 이 말은 '붙들어 세워 준다'는 뜻입니다. 바울처럼 훌륭한 지도자가 있을 때는 신앙생활을 잘했지만 바울이 떠나 버리고 핍박까지 일어나자 어린 신자들은 금방 소심해지고 약해질 수밖에 없었습니다. 믿음이 자란 사람도 있었겠지만 형편없이 약해진 사람도 많았을 것입니다. 바울은 그게 염려스러웠습니다. 바울의 이런 마음은 그의 서신서에도 잘 나타납니다.

"이러므로 나도 참다 못하여 너희 믿음을 알기 위하여 그를 보내었노니 이는 혹 시험하는 자가 너희를 시험하여 우리 수고를 헛되게 할까 함이니"(살전 3:5).

바울은 어린 신자들의 신앙이 약해 쓰러질까, 믿음이 약해 병들지는 않을까 염려했습니다. 그래서 주야로 심히 간구했고 그들의 부족한 믿음을 온전케 하려 애썼습니다.

목자와 양 떼의 신뢰 관계

바울과 교회의 관계에서 지도자와 교회, 즉 양 떼 간에 형성된 깊은 신뢰 관계를 봅니다. 바울과 교회들은 서로 믿었습니다. 바울이 세운 교회는 철저하게 바울을 신뢰했고, 바울은 양 떼를 철저히 신뢰했습니다.

오늘 교회 지도자와 교인들 사이에 이 신뢰가 많이 약화된 것을 봅니다. 서로 비위에 안 맞으면 목회자는 금방 짐을 싸고, 교인들은 목회자를 쫓아내기도 합니다. 또 어떤 목회자는 몸 담고 있는 교회에서 특별히 희망이 안 보인다고, 또는 몇 사람 안 되는 교인들을 위해 평생을 바칠 필요가 있을까 하는 의구심이 들어 이 핑계 저 핑계를 대며 교회를 떠납니다.

목회자는 고생이 되면 같이 고생하고, 위험을 당하면 같이 위험을 느끼고, 하나님이 부르면 같이 간다는 이런 심정을 가지고 있어야 합니다. 그렇기에 목회자는 교인들에게 의혹을 받을 만한 여자를 남겨 두어서는 안 됩니다. 목회를 하고 양 떼를 위해 헌신하기를 원한다면 다 포기해야 합니다. 한국 교회가 잃어버린 신뢰를 회복하기 위해서는 바울처럼 양 떼를 위해 생명을 내놓을 수 있는 목회자들이 많이 나와야 합니다. 또한 첩첩이 쌓인 어려움과 근심에 짓눌리며 이 시대를 살아가는 성도들에게 바울처럼 믿음을 심어 줄 수 있는 목회자가 나와야 합니다.

감사의 표현, 나실인 서원

18장 18절에는 바울의 여정 중 좀 특별한 대목이 있습니다. 바울이 일찍이 서원한 것이 있어서 그 서원을 따라 머리를 깎았다는 것입니다. 서원한다는 것은 '성별한다, 구별한다'는 뜻입니다. 서원은 어디까지나 율법적인 것이요, 구약시대에 구약 백성들이 했던 것입니다. 그런데 왜 바울이 서원을 했을까요?

칼뱅은 바울이 가지고 있던 원칙을 지키기 위해 서원했다고 봅니다. 바울의 중심은 한 사람이라도 더 구원하는 데 있었고, 이를 위해 어떠한 대가라도 치르겠다는 것이었습니다.

"유대인들에게 내가 유대인과 같이 된 것은 유대인들을 얻고자 함이요 율법 아래에 있는 자들에게는 내가 율법 아래에 있지 아니하나 율법 아래에 있는 자같이 된 것은 율법 아래에 있는 자들을 얻고자 함이요"(고전 9:20).

칼뱅의 견해를 바탕으로 본문을 해석한다면, 바울이 유대인들을 만나기에 앞서 그들과 대화를 원만히 풀어가기 위해 그들처럼 머리를 깎고 서원한 것으로 해석할 수 있습니다. 이러한 해석은 바울이 어떤 유대인들과 관계가 있었다는 기록이 있으면 간단한데, 그 뒤에 전혀 유대인과 관계가 있다는 내용이 나오지 않아 모호합니다. 단지 에베소 회당에 들어가서 유대인들과 변론했다는 것 외에는 유대인과 어떤 특별한 관계를 가졌다는 말이 없습니다. 그러므로 갑자기 유대인들을 의식해 머리를 깎았다고 보는 것은 근거가 빈약해 보입니다.

또 다른 학자는 바울이 받은 은혜에 감사를 표하기 위해서였다고 해석합니다. 바울이 고린도에 1년 반 동안 머물며 교회를 개척해 나갈 때 특별한 은혜를 받았기 때문이라는 것입니다. 그래서 고린도를 떠나면서 특별히 서원 기간을 정해 머리를 깎았고, 그 기간 동안 헌신하는 예를 드렸다고 해석합니다. 저는 이 해석을 더 좋아합니다. 바울은 유대교에서 자란 사람 아닙니까? 유대교에 있을 때 자신을 구별하던 습관대로 머리를 깎고 주님께 헌신한 것이 아닌가 생각됩니다. 이 두 가지의 해석 중 어떤 것이 옳다, 그르다 단언할 수는 없습니다. 성경에 답이 없기 때문입니다.

민수기를 보면 '나실인의 서원'이 나옵니다(민 6:1-4 참조). 나실인의 서원은 자기 몸을 구별해서 여호와께 특별히 드리는 하나의 의식입니다. 이 의식은 어떤 것을 요구합니까? 포도주와 독주를 멀리하라고 했습니다. 포도주의 초나 독주의 초뿐만 아니라 포도즙도 마시지 말며 생포도나 건포도도 먹지 말라고 했고 포도나무의 소산은 씨나 껍질도 먹지 말라고 했습니다.

예나 지금이나 인생에서 술 마시는 것 빼면 정말 살맛이 없다고 하는 사람들이 많습니다. 술맛을 아는 사람들은 부인 없이는 살아도 술 없이는 못 산다고까지 말합니다. 게다가 유대인들은 일상에서 포도주를 음료수로 마셨습니다. 하루 종일 노동하고 피곤해진 몸을 이끌고 가정에 돌아오면 식구들과 둘러앉아 향기로운 포도주를 마시며 그날의 피곤을 풀었습니다. 그러니 스스로 얼마의 기간을 정해 놓고 포도주를 멀리하는 이 서원은 유대인들에게 대단한 각오를 요하는 것이었습니다.

포도주를 금하는 것과 함께 지켜야 했던 또 다른 의식은 머리를 깎지 않는 것과 시체를 가까이하지 않는 것이었습니다. 부모나 형제자매가 죽었다 해도 예외가 아니었습니다. 자기 몸을 구별하여 하나님께 드리는 표가 그 머리에 있고, 자기의 몸을 구별하는 모든 날 동안에는 여호와께 거룩한 자이기 때문입니다(민 6:8 참조).

민수기 6장에 기록된 나실인의 서원과 비교해 보면 바울 당시에는 다른 규칙이 더해집니다. 한 번 서원하면 30일간 해야 했고, 민수기에는 없는, 고기를 금하는 규칙도 나옵니다. 포도주와 함께 고기도 일절 먹지 않는 것입니다. 세상에서 먹고 즐길 만한 것은 전부 끊어 버린 것입니다.

바울이 나실인의 서원을 따랐든, 아니면 유대교의 관습대로 머리를 깎았든 사실 그것은 큰 의미가 없습니다. 우리의 마음을 깊게 두드리는 것은 하나님께 받은 은혜에 감사하기 위해 자신을 구별해 드린 바울의 마음입니다.

오늘 우리에게도 일시적인 나실인의 생활이 있어야 하겠습니다. 주기를 정해도 좋지만, 성령께서 마음에 소원을 주실 때에는 언제라도 자신을 구별해서 주님 앞에 드리는 시간이 참 필요합니다. 여러 가지 고난에서 건져 주시고 보호해 주신 것을 알았을 때 그 은혜에 감사하는 마음으로 자신이 즐기던 것을 다 내려놓고 기도와 말씀으로 주님과 깊은 교제를 나누며 찬양하는 시간이 필요합니다.

우리는 평탄한 생활 속에서도 하나님의 은혜에 감사하다는 말뿐, 정작 그 은혜를 받으면서도 자신을 특별히 드리고자 하는 아름다운 모습을 보이지 못합니다. 흔히 문제가 터졌을 때만 이런 구별된 시간을 갖게 되지요. 갑자기 병이 났을 때 궁여지책으로 나실인이 됩니다. 또 갑자기 사업의 위기를 만났다거나, 자녀의 입시를 앞두었을 때 금식을 하곤 합니다. 그러나 하나님은 작은 일이든 큰 일이든 감사하고 그 은혜를 생각할 때마다 너무나 감격스러워 나실인의 서원을 하는 것을 몇 배로 더 기뻐하십니다. 하나님의 은혜가 귀해서, 하나님의 사랑이 감사해서 자신을 드리는 우리가 됩시다. 먹고 마시며 즐기는 것을 끊고, 주님과의 관계에 방해되는 것들을 물리치고, 조용히 마음을 드리는 나실인의 생활을 한다면 더 깊고 높고 크신 하나님을 경험하게 될 것입니다.

사도행전 19장

72 예수 믿는 것과 성령 믿는 것

이르되 너희가 믿을 때에 성령을 받았느냐 이르되
아니라 우리는 성령이 계심도 듣지 못하였노라
_ 사도행전 19:2

바울은 3차 전도 여행길에서 고린도와 윗지방인 터키를 거쳐 터키 남단의 에베소를 다시 찾았습니다. 이것은 두 번째 정식 방문으로 그는 여기서 2년 반 이상을 체류하게 됩니다.

바울은 에베소에서 열두 명의 '어떤 제자들'을 만났습니다. '제자'란 당시 예수 믿는 사람들을 지칭할 때 일반적으로 통용되던 말입니다. 바울은 그 제자들에게 전에 없던 질문을 던졌습니다. "너희가 믿을 때에 성령을 받았느냐?" 에베소의 제자들은 "우리는 성령이 있다는 말도 못 들었고 성령의 이름도 듣지 못했다"고 대답했습니다. 한마디로 백지 상태였습니다. 이 대답을 들은 바울은 좀 어이가 없다는 듯이 "그럼 너희가 무슨 세례를 받았느냐"고 다시 물었습니다. 그랬더니 그들은 "요한의 세례를 받았다"고 대답했습니다.

바울이 준 세례

제자들과의 짧은 문답식 대화 후 바울은 요한이 준 세례의 의미를 설명해 주었습니다. 요한은 자신 뒤에 오시는 이, 즉 예수 그리스도를 증거하기 위해 세례를 베풀었고, 그 뒤에 오신 이가 바로 예수 그리스도이며 우리는 그분을 믿어야 한다는 것을 증거했습니다. 이 말을 들은 제자들은 성부와 성자와 성령의 이름으로 세례를 받았습니다. 성경에는 주 예수의 이름으로 세례를 받았다(19:4-5 참조)고 기록되어 있지만 통상적으로는 삼위일체의 이름으로 세례를 주었습니다. 그런데 바울이 제자들에게 세례를 주면서 안수할 때 어떤 일이 일어났습니까? 오순절 예루살렘에서와 같이 '불의 혀' 같은 것은 없었지만 방언과 예언이라는 성령의 표적이 나타났습니다.

대단히 짧은 말씀이지만 정말 어려운 부분입니다. 이 말씀에 대한 해석은 아주 대조적입니다. 먼저 장로교 성경 해석에 있어서 표준이자 정석인 칼뱅의 해석을 살펴보겠습니다. 그는 소위 제자들이라고 하는 사람들은 이미 세례 요한의 세례를 받았기 때문에 세례를 또 받을 필요가 없는 사람들이었다고 해석합니다. 그들은 이미 예수 믿은 사람들이었다는 것입니다. 단지 성령을 너무 몰라서 성령의 사람이 되게 해달라고 기도해 준 것뿐이며, 바울이 주 예수 그리스도의 이름으로 다시 세례를 주었다고 하지만 실제는 이 사람들이 세례 받은 것이 아니라고 주장합니다.

칼뱅의 해석은 대단히 어색합니다. 왜냐하면 성경에 분명히 세례를 받았다고 기록되어 있는데 그것이 세례가 아니라고 하니 너무나 인위적인 해석이라고밖에 볼 수 없습니다. 성경 해석의 정석으로 통하는 분도 이런 본문에 와서는 좀 힘들어 하는 것 같습니다. 그러나 그것은 사실 정상입니다. 어느 누구도 66권에 적힌 하나님의 말씀 전부를 완전하게 해석할 수는 없기 때문입니다. 아무리 훌륭한 인물이라 해도 성령께서 열어 주지 않는 진리가 있기 마련입니다.

오순절 계통에서는 칼뱅의 해석과는 대조적인 입장을 보입니다. 이 열두 명의 제자는 예수를 믿은 사람들이고 물세례도 이미 받은 사람들이라고 봅니다. 그러나 그들에게는 성령세례가 꼭 필요했기 때문에 2차 성령세례를 받도록 바울이 기도해 주었고, 그들이 성령세례를 받은 것이라고 해석합니다. 그러므로 모든 그리스도인은 비록 성부·성자·성령의 이름으로 물세례를 받았다 할지라도 반드시 2차 성령세례를 받아야 하고, 성령세례를 통해 방언도 하고 예언도 하는 은사를 체험해야 한다는 것입니다. 만약 그런 체험이 없다면 그 사람은 구원받았다고 할 수 없는 불확실한 신자라고 정의를 내립니다.

같은 말씀을 가지고도 이처럼 대조적인 해석이 나오니 성경말씀이 얼마나 어려운지요! 본문을 좀 더 정확하게 이해하기 위해서는 액면 그대로 검토하되, 이 기록된 본문 배후에 숨어 있는 대화의 흐름이라든지, 감정의 변화라든지, 또 당시 상황을 염두에 두는 것이 꼭 필요합니다. 여기서 중요한 것은 바울이 그들에게 왜 이렇게 이상한 질문을 던졌느냐는 것입니다.

만약 교회 다니는 사람에게 "예수 믿고 성령 받으셨어요?" 하고 묻는다면 그런 질문을 하는 숨은 뜻이 무엇이겠습니까? 그 사람의 믿음을 의심하는 것입니다. 믿음과 성령은 언제든지 하나입니다. 믿을 때 성령이 그 사람에게 임하시고, 성령이 임하지 않으면 예수를 주라 시인하지 못합니다. 성령이 임하기 때문에 믿음을 갖게 되는 것입니다. 물세례는 자신이 믿음과 동시에 성령 받았다는 것을 외적으로 확증하는 것입니다.

그러니 "너희가 믿을 때에 성령을 받았느냐" 하는 말은 "당신 믿음이 진짜입니까, 가짜입니까" 하고 묻는 것이나 다름없습니다. 이 질문은 어떤 면에서 상대방에게 상당히 불쾌감과 모욕을 주는 말이 될 수도 있습니다. 그렇기에 바울은 지혜롭게 질문을 던진 것입니다.

믿는다는 것은 성령 받았다는 것과 같은 의미입니다. 제자들이 바울의 질문에 "우리는 믿을 때 성령 받은 사람이요, 성령을 받은 사람이기 때문에 예수를 믿습니다. 이것을 하나님께 감사합니다" 하는 정도의 대답을 할 수 있었다면 바울의 염려는 괜한 것이 되었을 것입니다. 그런데 역시 영적 직관력이 있는 바울인지라 상대방의 영적 상태를 어느 정도 파악했던 것입니다. 그래서 그들을 테스트한 것입니다. 아니나 다를까 바울이 의심한 대로였습니다. 성령이 있다는 말도 못 들었다고 그들은 대답합니다. 이때는 이미 오순절 성령이 임하고 대략 7, 8년 후입니다. 그러니 에베소 교회를 다니고 물세례를 받았다는 사람이 성령을 모른다는 것은 말도 안 되는 이야기입니다. 그런데 그들은 성령에 대해 전혀 몰랐습니다.

교회 안에는 이런 엉터리들이 가끔 있습니다. 사마리아에서 빌립이 전도할 때 가장 떠들썩했던 사건이 무엇입니까? 사마리아에서 점쟁이로 유명한 마술사 시몬이 예수를 믿겠다고 따라나선 것입니다. 하던 일을 전부 다 접고 빌립을 따라다니면서 세례도 받고, 전도도 하고, 믿는 사람들과 교제도 하고, 제자로서 할 것은 다 했습니다. 그런데 베드로가 와서 보니 시몬은 마음에 악독이 가득하고 아무것도 바뀌지 않은 사람이었습니다. 교회 안에 이런 사람이 있을 수 있습니다. 본문에 나오는 '어떤 제자들'은 마술사 시몬과 별반 다를 것이 없습니다.

> "바울이 이르되 요한이 회개의 세례를 베풀며 백성에게 말하되 내 뒤에 오시는 이를 믿으라 하였으니 이는 곧 예수라 하거늘 그들이 듣고 주 예수의 이름으로 세례를 받으니"(19:4-5).

바울이 하는 말을 가만히 봅시다. 성령세례를 설명하고 있습니까, 아니면 복음을 전하고 있습니까? 복음을 전했습니다. 왜 그랬겠습니까? 그들은 성령도 모르는 사람들, 예수 이름도 모르는 사람들, 너무나 기초가 없는 사람들이었기 때문입니다.

19장 4-5절에서 바울은 '성령세례'라는 말은 하지 않았습니다. 오로지 예수를 믿어야 한다는 것만 이야기했을 뿐입니다. 이 말을 듣고 그들은 주 예수의 이름으로 세례를 받았습니다. 예수님이 구원자라는 것을 고백하고 드디어 예수님을 믿게 되었습니다. 이들이 세례 받을 때 성령 받은 것은 오늘날 우리가 예수 믿을 때 성령 받는 것과 다른 것이 없습니다. 다른 것이 있다면, 그들에게는 성령 받은 외적인 표시인 예언과 방언이 있었다는 정도입니다.

그러므로 이 본문을 가지고 칼뱅의 해석대로 바울이 세례를 주지 않았다고 부정하는 것은 부자연스러운 주장입니다. 또한 오순절 계통의 해석대로 세례를 받은 사람이라 해도 성령세례를 다시 받아야 한다는 근거도 없습니다. 이 두 가지 모두 적절하지 않습니다.

성령세례와 은사 체험

열두 명의 제자는 분명 세례를 받았고, 예수를 믿었고, 동시에 성령을 체험했습니다. 그들이 받은 세례는 소위 2차 성령세례가 아니었습니다. 성령세례라는 말은 함부로 쓰면 안 됩니다. 성경상에서 물세례는 곧 성령세례입니다. 물세례는 성령세례의 상징입니다. 다시 말해, 성령세례를 받았다는 것을 외적으로 표하는 것이 물세례입니다. 그러므로 이 두 개를 별개의 것으로 나누어 말하면 안 됩니다.

사도행전을 보면 성령세례를 받은 사람들이 다 방언한 것도 다 예언한 것도 아닙니다. 받았는지 안 받았는지도 모르게 조용히 받는 사람들도 있습니다. 성령세례는 다른 말로 하면 예수 믿을 때 성령이 우리에게 임하는 것을 이야기합니다. 이것은 체험적일 수도 있고, 아닐 수도 있습니다. 그러니 한 번 세례 받은 사람은 다시 성령세례를 받겠다고 몸부림칠 필요가 없습니다. 또 다른 성령세례를 구하는 것은 잘못하면 마귀에게 시험당하는 빌미가 되고 맙니다.

이와 함께 주의할 것은, 성경에 나오는 몇 가지 특수 사례를 일반적으로 적용하는 것은 대단히 위험한 일이라는 것입니다. 몇 가지 실례를 들어보겠습니다. 바울이 다메섹 도상에서 누구를 만났습니까? 예수 그리스도를 만나 거꾸러지고 새 사람이 되었습니다. 그렇다면 이 사건을 두고 누구든지 진짜 예수 믿고 회개하려면 바울과 같은 체험을 해야 한다고 말할 수 있습니까? 그렇게 주장할 수는 없습니다. 누구도 그렇게 주장해서는 안 됩니다. 그런데 성경을 잘 모르는 성도들은 그렇게 주장하는 사람 앞에 가면 또 그게 진리인가 싶어 자신에게 그런 체험이 없는 것을 탄식하고 안절부절못합니다.

에베소 사건도 마찬가지입니다. 에베소 사람들이 물세례를 받을 때 성령이 임하셔서 방언도 하고 예언도 했으니 우리도 다 이렇게 되어야 성령 받은 사람이라고 한다면, 그것은 성경의 원칙을 무시하는 해석입니다. 성령의 특별한 역사는 전적으로 하나님이 주시는 것입니다. 성령이 주시는 것입니다. 주시면 감사한 것이요, 안 주셔도 감사한 것입니다. 외적으로 보이는 표적이 없다고 불안해 한다든지 성령을 의심한다면 그것은 성령에 대한 모욕입니다.

"우리가 세상의 영을 받지 아니하고 오직 하나님으로부터 온 영을 받았으니 이는 우리로 하여금 하나님께서 우리에게 은혜로 주신 것들을 알게 하려 하심이라"(고전 2:12).

우리는 세상의 영을 받지 아니하고 하나님으로부터 온 영, 곧 성령을 받았습니다. 이는 하나님께서 우리에게 주신 모든 은혜를 알게 하려고 주신 것입니다. 성령 앞에 감사해야 할 것이 얼마나 많은지요. 성령의 은혜를 받았기 때문에 우리가 예수를 알게 되지 않았습니까. 성령의 은혜를 받았기 때문에 우리가 십자가의 도를 깨닫지 않았습니까. 성령 때문에 우리가 하나님의 놀라운 약속, 구원의 선물을 받지 않았습니까. 성령 때문에 오늘도 우리는 하나님의 자녀인 것을 확신하고 살아갑니다. 성령 때문에, 우리가 구하는 것을 하나님이 들으실 줄 믿고 날마다 기도합니다.

이 모든 은혜를 받았는데 지금 눈에 보이는 어떤 표적이 없다고 불만스러워 한다든지, 성령이 함께하시지 않는 것처럼 생각한다든지, 성령을 불신하는 것은 그야말로 성령을 모독하는 행위입니다. 영적 체험이 있든지 없든지 이미 예수 믿는 나에게 성령이 함께하신다는 것을 확신합시다.

성령의 역사인지 분별하라

사탄은 순수한 영적 체험을 모방합니다. 무시무시한 일입니다. 성령이 주시는 것 외에도 얼마든지 방언 같은 현상이 일어날 수 있습니다. 다른 종교에서도, 심지어는 정신병동에서도 방언 현상은 얼마든지 나타난다는 사실을 마음에 두기 바랍니다.

만일 이런 외적 표적이 성령이 주신 것이라면 그 결과는 성경적이어야 합니다. 분명히 그는 하나님을 찬송할 것입니다. 그것은 성령 받은 사람들의 공통점입니다. 에베소서 5장 18절 이하에 성령 충만한 사람들을 보면 모두 하나님을 찬양합니다. 사도행전 2장을 보아도 성령 충만한 사람들은 하나님의 크신 일을 찬양합니다. 찬양이 넘칩니다. 또한 예수 그리스도를 자랑하고 예수 그리스도를 드러냅니다. 왜냐하면 성령은 진리의 영이기 때문입니다.

또한 성령이 주신 표적이라면 자기를 선전하지 않습니다. 정말 성령의 은혜를 받은 사람은 자기를 숨깁니다. 자신의 체험도 가급적 숨기려 할 것입니다. 오직 하나님만 영광 받으시도록, 예수 그리스도만 높입니다. 또한 참다운 성령의 은혜를 받은 사람은 겸손하고 온유합니다. 하나님이 주시는 성령의 충만함을 받을 때에는 서로 순종하게 됩니다. 서로 순종하여 교회에 덕을 세웁니다. 성령이 주신 은혜로 방언하고 기뻐하는 사람들에게는 이 같은 특징이 있습니다. 그렇지 않다면 일단 경계해야 합니다. 경계해야 할 몇 가지 경우를 살펴보면 이렇습니다.

먼저, 성령의 체험을 했다고 해서 자신만이 완전한 경지에 도달한 것처럼 행세하고 성령을 독점한 것처럼 말하는 사람이 있습니다. 이러한 사람은 자신만 천국을 누리고 천국의 기쁨을 맛보는 것처럼 행세합니다. 이런 사람을 보면 의심해야 합니다. 하나님은 교만한 자를 가장 미워하시기 때문입니다. 거룩한 성령이 충만히 임한 사람에게 교만이 번뜩인다는 것은 상상도 못할 이야기입니다. 일단은 의심해 보아야 합니다. 사도 요한은 "영을 다 믿지 말고 오직 영들이 하나님께 속하였나 분별하라 많은 거짓 선지자가 세상에 나왔음이라"(요1 4:1)고 했습니다. 우리는 분명히 분별할 수 있습니다.

둘째는 다른 사람들을 내려다보면서 지배하려고 드는 사람이 있다면 그 사람이 무슨 대단한 체험을 했든지 간에 일단 의심해야 합니다. 예를 들면 자신이 기도하면서 신비한 체험을 하고 능력을 받았으니 무슨 일이 있으면 자기에게 와서 물어보라고 한다든지, 사람들을 찾아다니면서 안수기도해 주겠다고 한다든지, 아니면 사람들 간에 생기는 사사로운 문제를 놓고 이래라저래라 명령한다든지 하는 사람들이 있습니다. 그러나 참다운 성령의 역사는 순종과 섬김에 있습니다. 성령 충만하신 예수님도 종으로서 겸손하게 섬기는 모습을 보이셨습니다. 이래라저래라 명령하는 지배자가 아니었습니다. 그 원칙에서 어그러지는 것은 성령의 역사라고 할 수 없습니다.

셋째로 다른 사람에게 자기가 체험한 일을 꼭 같이 하도록 강요하는 사람들을 조심해야 합니다. 성경은 모든 사람이 성령의 은사를 동일하게 받는다고 하지 않았습니다. 여러 가지 은사 중에서 성령이 기뻐하시는 대로 각 사람에게 주신다고만 했을 뿐입니다(고전 12:4-11 참조). 그러므로 '내가 받았으니 너도 받아라' 하는 것은 비성경적입니다.

이렇게 자기 체험을 다른 사람에게 강요하는 것은 성령의 주권을 침해하는 행위입니다. 은사를 주고 안 주고는 성령의 뜻에 달린 것이지, 사람에 있지 않습니다. 이런 사람들은 또한 상대를 실족하게 하는 우를 범합니다. 믿음이 약한 사람들이 은사를 받기 위해 애를 쓰다가 원하는 대로 받지 못하면 실족하지 않겠습니까.

또 하나 선을 그어야 할 것이 있습니다. 신앙과 생활이 일치하지 않는 사람의 경우입니다. 믿음도 좋아 보이고 성령의 은사를 받았다고 굉장히 들떠 있는데 그 사람의 가정생활, 직장생활, 대인관계를 보면 참 기가 막힌 사람들이 있습니다. 성경에서는 가정을 등한시하는 사람은 성령의 사람이라고 하지 않습니다. 자기 생활에 충실하지 않은 사람은 성령의 사람이라고 말하지 않습니다. 그리고 주님의 말씀에 철저하게 복종하는 삶이 없는 사람, 말로만 떠들고 다니는 사람을 성령의 사람이라고 하지 않습니다.

마지막으로, 어떤 사람이 은사를 받았다고 하면서 다른 형제에게 봉사를 했는데 결과가 나쁜 경우입니다. 예를 들어 병자를 위해 기도해 주었는데 그만 병자에게 악령이 들어가 더 나빠졌다든지 정신적으로 이상해져 버렸다든지 하는 일이 일어나면 일단 그 사람은 의심해야 됩니다.

마귀는 간교해서 우리가 영적으로 어지간히 예민하지 않으면 구별할 수 없습니다. 결론적으로 말씀드립니다. 체험 그 자체는 절대 나쁜 것이 아닙니다. 체험할 수만 있다면, 다시 말해 성령이 체험을 주시면 감사하게 받으십시오. 그러나 체험이 없다면 없는 대로 겸손하십시오. 체험이 있는 사람을 시기한다든지 무조건 비판하는 것도 죄가 됩니다. 성령 받은 사람은 체험이 있어도 성령의 사람이요, 체험이 없어도 성령의 사람입니다. 시기할 것도 없고, 비판할 것도 없습니다.

참고로, 성령의 체험은 주로 기질과 관련이 있다는 것을 알아 두는 것이 좋습니다. 우리가 아무리 예수를 잘 믿어도 타고난 기질은 잘 안 바뀝니다. 그런데 일반적으로 성령의 체험에 민감한 기질이 있습니다. 이런 기질 때문에 남다른 체험을 할 수 있습니다. 그리고 성령께서도 그런 기질을 가진 사람에게 은사를 주셔서 하나님이 영광 받으실 어떤 일을 시키실 때가 있습니다. 그러나 성령은 냉정한 사람을 붙들고 일하기도 하시고, 다혈질적인 사람을 붙들고 일하기도 하십니다. 성령의 역사는 굉장히 폭이 넓고, 하나님의 역사는 다양합니다.

73 두란노 서원에서 하나님 나라를 말하다

에베소에 사는 유대인과 헬라인들이 다 이 일을 알고 두려워하며
주 예수의 이름을 높이고 믿은 사람들이 많이 와서 자복하여 행한 일을 알리며…
이와 같이 주의 말씀이 힘이 있어 흥왕하여 세력을 얻으니라

_ 사도행전 19:17-18,20

바울이 에베소를 처음 방문한 때는 2차 전도 여행을 거의 마치고 고향으로 돌아가는 길목에서였습니다. 더 오래 있기를 청하는 에베소 사람들에게 '하나님의 뜻이면 너희에게 돌아오리라'는 약속을 남기고 떠났던 바울은 3차 전도 여행에서 에베소를 다시 찾게 됩니다.

다시 찾은 에베소에서 바울은 회당에 들어가 석 달 동안 담대히 하나님 나라에 관해 가르치다가 상황이 여의치 않자 제자들을 따로 세우고 두란노 서원으로 옮겨 두 해 동안 강론했습니다. 이렇게 두란노 서원을 중심으로 복음이 힘 있게 퍼져 나갔고, 아시아

에 사는 자는 유대인이나 헬라인이나 다 주의 말씀을 들었습니다(19:10). 동시에 하나님은 어떤 깊은 뜻을 가지고 바울의 손으로 놀라운 능력까지 행하게 하셨습니다.

성령의 역사가 강하게 일어나면 사탄의 방해도 그만큼 격렬해지는 것을 우리는 성경을 통해 누누이 보아 왔습니다. 에베소에서도 복음이 흥왕하자 사탄의 영역에 속한 사람들이 들고 일어나 소요를 일으켰습니다. 이것이 19장에서 벌어진 일의 대강입니다.

바울의 꿈, 하나님 나라

바울이 에베소에서 가르친 대주제는 '하나님 나라'입니다. 흔히들 하나님 나라라고 하면 항상 보이지 않는 저 너머의 세계로 알고 있습니다만 교회가 이 세상에서 가장 중요하게 가르치고 배워야 할 것이 바로 하나님 나라입니다.

하나님 나라는 원래 예수님이 가르치신 첫 주제입니다. 이 세상에 처음 모습을 드러내셨을 때 "회개하라 천국이 가까이 왔느니라"(마 4:17 참조)고 하셨고, 부활하신 후 40일 동안 가르치신 대주제도 하나님 나라(행 1:3 참조)였습니다.

성경을 가르치고 배울 때 제일 먼저 다룰 것이 '예수 그리스도'입니다. '예수 그리스도'를 하나의 국가 혹은 공동체로 바꾸면 바로 '하나님 나라'가 됩니다. 그래서 하나님 나라에 대해 강론했다고 하면 하나님 나라의 왕이신 예수 그리스도에 대해 강론했다는 말과 같습니다.

하나님 나라라는 주제가 얼마나 광대하고 깊은지 바울이 회당에서 3개월 동안 이 문제만 가지고 강론했고, 회당을 나와 두란노 서원으로 옮겨가서도 2년간이나 가르쳤습니다. 바울이 쓴 로마서를 비롯해 여러 서신서를 보면 하나님 나라에 대한 그의 깨달음이 얼마나 심오한지 알 수 있지 않습니까? 강론이란, 어떤 주제에 대해 논리적으로 깊이 있게 다루고, 참여한 모든 사람이 함께 생각하며 동참하도록 이끄는 하나의 교수 방법입니다. 그러므로 회당과 두란도 서원에서 하나님 나라에 대해 강론했다는 것은 그저 30, 40분짜리 설교 수준이 아니었다는 말입니다.

사실 하나님 나라는 어려운 주제입니다. 그러나 에베소에서 바울은 예수를 갓 믿은 사람들에게 이렇게 쉽지 않은 주제를 놓고 오랜 시간 가르쳤습니다. 바울은 은혜 받은 사람이요, 하나님 나라에 완전히 매료되어 눈앞에 보이는 그 영원한 나라를 위해 어떻게 살아야 할까 하는 이야기로 시간 가는 줄을 몰랐을 것입니다.

◀» 오늘날 교회와 얼마나 대조적입니까? 현대 교회가 주로 다루는 주제는 무엇입니까? 정작 알아야 할 예수 그리스도와 하나님 나라는 경시하고 개인의 평안과 문제 해결에 더 큰 관심을 갖는 경향이 많지 않습니까? 제 진단이 맞다면, 이것은 정말 심각한 문제입니다.

영원한 나라에 대한 꿈이 살아 있으면 자신이 지금 하고 있는 일에 대한 권태증이 생기지 않습니다. 왜 그렇습니까? 그 일이 영원히 지속될 것이 아니라는 것을 알기 때문에 그렇습니다. 가정에 어떤 문제가 있어도 이길 수 있는 힘이 있습니다. 더 큰 것을 보고 있기에 그렇습니다. 더 큰 것이 있는 사람은 작은 것에 연연하지 않고 담대할 수 있습니다. 큰 것이 없으면 작은 것이 큰 것처럼 부각됩니다. 우리에게 진정 하나님 나라의 꿈이 있습니까?

두란노 서원이 텅 비는 시간에

바울이 먼저 회당에서 석 달 동안 하나님 나라에 대해 열심히 가르쳤지만 듣지 않는 사람은 끝까지 듣지 않았습니다. 성경은 이들을 가리켜 '마음이 굳었다'고 표현했습니다. 돌멩이처럼 단단한 마음이었습니다.

이렇게 마음이 굳은 사람은 성령님도 어떻게 할 도리가 없습니다. 바울처럼 능력 있는 하나님의 종도 어떻게 할 도리가 없습니다. 그래서 바울은 그들을 떠났습니다. 부지런히 가르쳐 주어도 끝까지 마음을 안 열면 그 책임은 본인이 져야 합니다. 유대교가 예수 그리스도를 메시아로 인정하지 않으니까 바울이 회당에서 물러나 장소를 두란노 서원으로 옮겼습니다. 두란노 서원은 두란노라는 유명한 철학자가 자기 생도들에게 강론하기 위해 만든 곳으로 일종의 학원 같은 곳이었습니다. 바울이 이런 장소를 어떻게 얻을 수 있었는지 참 궁금합니다.

터키 지역의 낮 시간은 무척이나 덥습니다. 기록에 따르면 터키가 있는 소아시아 지역은 아침 7시나 9시부터 11시까지 수업을 하고, 11시부터는 휴식시간에 들어가 식사를 하고 1시쯤 되면 모두 낮잠을 잔다고 합니다. 그렇게 자고 일어나면 일이 바로 손에 안 잡히니까 결국 오전 11시부터 오후 4시까지는 일이 제대로 되지 않는다고 합니다. 이러한 배경을 놓고 볼 때 두란노 서원도 오전 11시 이후에는 비었을 거라 짐작할 수 있습니다.

학자들에 따르면, 바울은 오전 11시부터 오후 4시까지 서원이 비는 시간을 이용해 가르쳤다고 합니다. 바울은 다른 사람들이 일하는 오전 7시부터 11시까지는 남들처럼 똑같이 일을 하다가 오전 11시부터 오후 4시까지는 회당에서 말씀을 강론하고, 그다음에 좀 쉬다가 밤 시간대에 또다시 일터로 돌아가 텐트를 만들며 생활한 것 같습니다. 그렇게 생계를 꾸려가면서 하나님의 나라를 2년 3개월 동안 강론한 것입니다.

바울이 택한 시간, 또 바울을 찾아온 사람들이 강론을 들은 시간을 눈여겨볼 필요가 있습니다. 그 시간은 대부분의 사람들이 휴식을 취하는 시간, 제일 힘들고, 덥고, 졸리고, 피곤하고, 가장 능률이 오르지 않는 시간입니다. 세상 사람들이 쉬는 시간, 세상 사람들이 꺼리는 시간을 이용해 말씀을 배우려고 심혈을 기울였습니다. 이런 시간에 말씀을 전하려고 주의 종들은 잠을 설쳤으며 쉴 틈 없이 움직였습니다.

중국의 문이 열리기 전 공산 치하에서 목숨을 걸고 믿음을 지켰던 신자들이 어떻게 했습니까. 하루 종일 노동하고 소양교육까지 받은 후에 집에 돌아와서는 그야말로 만사 다 제치고 자야 할 시간에 이불을 뒤집어쓰고 라디오를 틀었습니다. 라디오에서 나오는 하나님의 말씀을 또박또박 받아 적으며 그 말씀을 마음에 담고, 외우고, 기도하던 신자들이 한두 명이 아니었습니다. 옛 소련의 그리스도인들도 비슷했습니다. 하루 종일 공장에서 일하고 집에 돌아온 뒤 남들이 한참 밥 먹고 TV 보는 시간을 이용해 몇몇이 모여

기도하고 서로 격려하고, 하나님의 말씀 한마디라도 더 나누는 등 그야말로 가물거리는 신앙의 등불이 꺼지지 않도록 노력했습니다. 이것이 기독교입니다.

　기독교는 시원한 에어컨 바람을 맞으며 걸어오지 않았습니다. 기독교는 가장 좋은 시간, 가장 능률이 오르는 시간을 골라 하나님의 말씀을 배웠기 때문에 이만큼 뿌리를 내린 것이 아닙니다. 가장 어려운 시간에, 가장 힘든 여건을 무릅쓰고 일어섰습니다. 그런데 오늘날 우리의 모습은 어떻습니까. 하나님의 말씀을 배우려면 에베소 사람들처럼 남들이 자는 시간, 남들이 쉬는 시간을 이용하지 않으면 안 됩니다. 말씀을 배우고 싶으면 TV 보는 시간을 빼야 합니다. 기독교는 한가한 사람들이 믿는 종교가 아닙니다. 배우고자 하는 열정, 가르치고자 하는 열정으로 뙤약볕 아래에서도 선포되는 것이 하나님 나라입니다. 세상 지식을 위해서도 땀 흘리기를 마다하지 않는데 영혼을 살리는 문제를 두고 어떻게 시간 날 때만 적당히 할 수 있겠습니까. 어떻게 하나님 나라를 세워 갈 수 있겠습니까.

바울의 손수건과 앞치마

　사도행전에서 중요한 두 인물은 베드로와 바울입니다. 이들에 관한 기록을 보면 비슷한 점이 많습니다. 베드로와 바울 모두 걷지 못하는 자를 일으켰고, 귀신을 쫓아냈으며, 각각 마술사와 대결했습니다. 또 두 사람 모두 죽은 자를 살렸고, 감옥에 갇혔다가 기적적으로 구출됩니다. 정말 비슷합니다. 성령께서 이들의 능력과 이적 기사를 비슷비슷하게 엮어 말씀을 기록하신 것을 볼 때 과연 이들처럼 능력을 체험하고 행사하며 산 사람이 역사상 몇이나 될까 생각하게 됩니다.

흔히들 '믿는 대로 되리라' 해놓고는 자신이 바울 수준이나 되는 것처럼 착각을 합니다. 그러나 믿음은 그렇게 허황한 것이 아닙니다. 특별한 능력은 하나님의 섭리에 따라 그분이 주시는 것입니다.

> "하나님이 바울의 손으로 놀라운 능력을 행하게 하시니 심지어 사람들이 바울의 몸에서 손수건이나 앞치마를 가져다가 병든 사람에게 얹으면 그 병이 떠나고 악귀도 나가더라"(19:11-12).

정말 희한한 일들이 일어났습니다. 바울의 손수건을 갖다가 얹기만 해도 병든 사람이 낫는 역사가 일어났습니다. 도대체 어떤 손수건이었기에 이런 일이 일어난 걸까요?

여기서 저는 재미있는 상상을 합니다. 바울이 두란노 서원에서 가르칠 때 땀이 얼마나 흘렀겠습니까. 선풍기도 없는 곳에서 열을 내며 가르칠 때 사용하던 손수건이 아니었을까요. 그 손수건에서는 아마도 퀴퀴한 냄새가 났을 것입니다. 그런데 그것으로 병자가 나았다니 얼마나 기가 막힌 역사입니까. 어떤 사람의 손에서 기적이 일어납니까? 주님의 영광을 위해서, 하나님의 나라를 위해서, 말씀을 위해서 땀 흘린 사람의 손에서 능력이 일어나지 않겠습니까.

이적과 기사를 경험한 에베소 사람들의 반응은 놀라웠습니다.

"믿은 사람들이 많이 와서 자복하여 행한 일을 알리며 또 마술을 행하던 많은 사람이 그 책을 모아 가지고 와서 모든 사람 앞에서 불사르니 그 책값을 계산한즉 은 오만이나 되더라"(19:18-19).

예수 믿은 사람들이 와서 자복하는 회개의 역사가 일어났습니다. 과거에 마술을 행하던 사람들이 예수를 믿고도 집에다 몰래 두고 틈틈이 보던 마술책을 전부 가지고 나와 불살랐습니다. 성경은 이런 현상을 '말씀이 흥왕하여 세력을 얻은' 것으로 표현합니다.

아무리 강하고 놀라운 이적 기사가 일어나도 이적 기사가 앞장서면 안 됩니다. 성령이 일을 하셔도 말씀을 앞세워 일하시기 때문입니다. 이 말씀은 누구입니까? 하나님 나라에 관한 말씀은 곧 예수 그리스도의 말씀입니다. '주의 말씀'이 힘이 있어서 흥왕하여 세력을 얻었다고 했지, 이적 기사 때문에 세력을 얻었다고 하지 않았습니다. 이적 기사가 아니라 '주의 말씀'을 드러내는 것이 하나님 나라의 법칙입니다.

에베소 성에 소란이 일어난 것도 무엇 때문입니까? 이적 기사 때문입니까? 아닙니다. 23절을 보면 "이 도로 말미암아 적지 않은 소동이 있었으니"라고 성경은 분명히 밝히고 있습니다. '이 도'(the Way)는 예수 그리스도를 가리키는 것입니다. 예수님이 스스로 "나는 길이요 진리요 생명"이라고 말씀하지 않았습니까.

에베소에서 예수 그리스도에 관한 말씀이 얼마나 힘이 있었는지 우상 만드는 사람들이 모여 다음과 같이 증언했습니다.

"이 바울이 에베소뿐 아니라 거의 전 아시아를 통하여 수많은 사람을 권유하여 말하되 사람의 손으로 만든 것들은 신이 아니라 하니 이는 그대들도 보고 들은 것이라"(19:26).

하나님의 말씀이 에베소뿐만 아니라 소아시아 전역에 퍼져 영향을 끼쳤습니다. 그 영향으로 우상 만드는 사람들의 사업이 안 될 정도가 되었으니 두란노 서원에서 했던 강론이 얼마나 능력 있었는지 가히 짐작이 갑니다. 그래서 어떤 학자는 이렇게 말합니다. 요한계시록에 나오는 아시아 일곱 교회가 완전히 뿌리를 내리고 든든히 선 것은 두란노 서원의 강론이 시작된 이후부터라고 말입니다. 그만큼 막강했습니다.

복음으로 승리하다

복음이 흥왕한 곳 어디서나 그랬듯이 결국 에베소에서도 큰 소란이 일어났습니다. 신상을 조각하는 데메드리오라는 사람이 바울이 전하는 복음 때문에 자기 사업이 불리해지는 것을 보고 사람들을 선동해 소란을 일으킨 것입니다. 경제적 이해관계 때문에 개인적으로 소송하여 바울을 옥에 가둔 경우는 있지만, 이렇게 같은 업종의 사람들이 결속해서 집단적으로 일어난 사건은 아마 이것이 처음인 것 같습니다.

예수 믿지 않는 사람들의 마음을 지배하고 있는 우상은 무엇입니까? 맘몬, 즉 돈이라는 신입니다. 맘몬을 모시고 사는 사람은 조금이라도 돈을 잃게 되면 견디질 못합니다. 돈을 좋아하는 인간의 마음을 사탄이 얼마나 교묘하게 이용하는지 모릅니다. 사탄은 이렇게 경제적인 문제를 가지고 사람들을 미혹하고 시험합니다. 그렇게 해서 사람들의 마음을 사로잡은 뒤, 복음을 방해하고 교회를 핍박하고 하나님의 일을 가로막습니다.

그러므로 예수 믿는 사람들은 경제적인 부분에서 더욱 깨끗하고 정직해야 합니다. 또한 초연할 줄 알아야 합니다. 양보도 할 수 있어야 하고, 어떤 때는 손해 볼 줄도 아는 용기가 필요합니다. 세상에 복음을 전하고 그들에게 하나님 나라를 가르쳐 주어야 할 중차대한 책임을 지고 있는 우리는 달라야 합니다.

복음 사역은 많은 경우, 경제적 이해관계로 도전을 받습니다. 복음이 들어가면 우상과 관계된 업종이 자연히 퇴보하게 되고, 주류 판매자나 유흥업소가 분명히 손해를 보게 되어 있습니다. 바울은 에베소에서 우상을 만드는 업종에 종사하는 사람들을 찾아가서 그만두라고 소리치지 않았습니다. 우상을 다 부숴 버리자고 선동하지도 않았습니다. 조용히 예수 그리스도만 증거했습니다. 결국 어떻게 되었습니까? 말씀의 능력 앞에 우상이 깨어지기 시작했고, 우상과 연관된 업종이 힘을 잃기 시작했습니다.

우리는 복음만 전하면 됩니다. 괜히 마을에 있는 산당을 찾아가서 불 지르고 부수다가 잡혀가는 그런 어리석은 짓은 하지 않는 것이 좋습니다. 폭력으로 맞선다고 해서 이기는 것이 아닙니다. 오직 복음으로만 이길 수 있습니다.

사도행전 20장

74 로마를 향한 직로를 막으시다

그 주간의 첫날에 우리가 떡을 떼려 하여 모였더니 바울이 이튿날 떠나고자 하여 그들에게 강론할새 말을 밤중까지 계속하매
_ 사도행전 20:7

바울은 에베소의 소요가 그치자 그곳을 떠나 마게도냐와 아가야를 거쳐 예루살렘으로 가기로 작정했습니다.

"소요가 그치매 바울은 제자들을 불러 권한 후에 작별하고 떠나 마게도냐로 가니라 그 지방으로 다녀가며 여러 말로 제자들에게 권하고 헬라에 이르러"(20:1-2).

여기서 '권하고'라는 말은 '파라칼레오'라는 헬라어로 '간곡하게 타이른다, 간절하게 알아듣도록 말한다'는 뜻입니다.

목회자의 권면, 성도 간의 권면

초대교회의 모습을 들여다보면 두 가지 형태의 권면이 있습니다. 목회자가 양 떼에게 하는 권면과 성도 간에 하는 권면입니다. 특별히 목회자의 권면에 대해 성경은 이렇게 전합니다.

"그러므로 우리가 그리스도를 대신하여 사신이 되어 하나님이 우리를 통하여 너희를 권면하시는 것 같이 그리스도를 대신하여 간청하노니…"(고후 5:20).

목회자가 양 떼에게 하나님의 말씀으로 권면하는 것은 그리스도를 대신하여 권면하는 것이라고 말합니다. 바울은 그레데 섬에서 목회하는 디도에게 권면하기를 가르쳤습니다.

"미쁜 말씀의 가르침을 그대로 지켜야 하리니 이는 능히 바른 교훈으로 권면하고 거슬러 말하는 자들을 책망하게 하려 함이라"(딛 1:9).

"너는 이와 같이 젊은 남자들을 신중하도록 권면하되"(딛 2:6).

"너는 이것을 말하고 권면하며 모든 권위로 책망하여 누구에게서든지 업신여김을 받지 말라"(딛 2:15).

하나님 말씀을 잘 깨우치고 지키게 하는 것, 젊은이들에게 신중하도록 권하는 것, 또 잘못된 길로 간 사람을 권위로 책망하는 것 등이 목회자로서 권면해야 하는 내용입니다.

그렇다면 성도 간의 권면에는 어떤 것이 있을까요?

"그러므로 피차 권면하고 서로 덕을 세우기를 너희가 하는 것같이 하라"(살전 5:11).

"그리스도의 말씀이 너희 속에 풍성히 거하여 모든 지혜로 피차 가르치며 권면하고 시와 찬송과 신령한 노래를 부르며 감사하는 마음으로 하나님을 찬양하고"(골 3:16).

"오직 오늘이라 일컫는 동안에 매일 피차 권면하여 너희 중에 누구든지 죄의 유혹으로 완고하게 되지 않도록 하라"(히 3:13).

특히 히브리서의 말씀은 권면의 시점을 아주 강한 어투로 강조하고 있습니다. 형제 가운데 누가 죄의 유혹을 받아 반복해서 죄를 짓고 있다면, 마음이 돌처럼 굳어져 양심의 가책도 없어지기 전에 권면하라는 것입니다. 언제 권면하라고 했습니까? 바로 '오늘이라 일컫는 동안'입니다. 내일로 미루지 말고 오늘이라는 이 시간에 소망을 잃어버리는 위기에 빠지지 않도록 서로 붙들어 주라는 말입니다.

권면이라는 것은 대부분 쓴 약입니다. 그러나 이 쓴 약을 나를 위해 주는 것이라 믿고, 목회자가 그리스도를 대신하여 전하는 하나님의 말씀이라는 믿음으로 받는다면 그것은 대단히 유익한 약이 됩니다. 그러나 불행하게도 현대 교회에서 목회자의 간곡한 권면은 점점 사라지고 있습니다. 현대 심리학의 영향을 받아서 그런지 권면 대신 '상담'이란 용어를 많이 씁니다. 좋은 상담자의 모습은 어떤 말을 해주기보다는 내담자의 이야기를 끝까지 들어주는 것 아닙니까. 그래서 심리학의 영향을 받은 목회자들이 분명히 책망할 것이 있는 성도를 앞에 두고도 그저 그 사람의 변명, 그 사람의 형편, 그 사람의 입장에서 들어주느라 시간을 다 써 버립니다. 그러고는 기도해 주고 돌려보냅니다. 참 안타까운 모습입니다.

목회자의 권면과 함께 성도 간의 권면도 중요합니다. 성도 간 함부로 남의 일을 놓고 이래라저래라 하는 것이 아닙니다. 그 형제가 무언가 명백하게 잘못된 길로 가고 있을 때, 그를 뜨겁게 사랑하는 마음으로 권면해야 하는 것입니다. 이렇게 권면할 수 있는 준비된 성도들이 있는 교회라면 그 교회는 삽니다. 서로 붙들어 주기 때문에 삽니다. 그러나 형제가 영적으로 병들어 있다는 것을 알면서도 간절한 마음으로, 아끼는 마음으로, 안타까운 마음으로 충고하는 사람이 아무도 없다면 교회 안에 계시는 성령께서 분명히 탄식하실 것입니다.

로마서의 탄생

예루살렘으로 가는 여정에서 바울은 헬라에 이르러 석 달을 머물렀습니다. 헬라는 고린도와 아덴이 있는 아가야 지방을 말합니다. 성경학자들은 바울이 고린도에서 머문 것으로 추정합니다. 고린도는 아가야의 수도로 그 지역에서 가장 큰 도시였고, 바울이

1년 반 이상 사역했던 곳이기 때문이지요.

그렇다면 바울은 고린도에서 석 달 동안 무엇을 했을까요? 그는 바로 여기서 로마서를 기록했습니다. 하나님은 바울에게 다른 일거리를 주시지 않고 잠시 머물러 조용히 묵상하며 말씀을 기록하게 하셨습니다. 헬라에 머물렀던 바울을 보면 하나님이 쓰시는 도구는 가만히 앉아 있어도 하나님의 일을 한다는 것을 알게 됩니다. 눈에 드러나게 뛰어다니지 않아도, 무언가 특별히 하는 것이 없어 보여도 하나님의 일을 하고 하나님의 손에 쓰임 받는다는 사실을 알게 됩니다. 고린도에서 바울이 보낸 3개월은 만고불변의 진리인 로마서를 우리에게 남겨 준 고귀한 시간입니다.

가끔 이런 생각을 합니다. '만일 성경에 로마서가 없다면 얼마나 많은 혼란이 일어날까?', 또 '예수 그리스도의 십자가 공로가 과소평가될 위험은 얼마나 클까?' 로마서가 있어서 우리는 흔들림 없는 구원의 확신을 가질 수 있습니다.

사실 바울은 로마로 가기를 몹시 원했습니다. 로마는 당대 최대의 국제도시요, 로마 황제가 있는 도시니까 그곳에 가서 복음을 전하면 파급 효과가 대단히 클 것이 확실했기 때문입니다. 또 거기서 한걸음 더 나아가 스페인까지 가서 복음을 전하겠다고 꿈꾸고 있었습니다. 로마서 15장을 보면 "내가 너희에게 여러 번 가려고 했지만 길이 막혔도다. 그러나 내가 꼭 가기를 원한다. 그리고 내가 스페인까지 가서 복음을 전할 계획인데, 가는 길에 너희에게 들러서 은혜를 받고 너희의 전송을 받아 스페인까지 가기를 원한다"(롬 15:22-24 참조)고 기록하고 있습니다.

결국 바울은 고린도에서 로마서를 써 보내고 난 뒤 나중에 예루살렘에서 잡혀 2년간 감옥 생활을 하다가 죄수의 몸으로 드디어 로마로 가서 황제 앞에 서게 됩니다. 바울의 계획과는 달랐지만 하나님의 놀라운 섭리로 결국 로마행이 이루어진 것입니다.

고린도에서 로마서를 완성한 바울은 이제 수리아로 향합니다. 유월절에 맞춰 예루살렘에 가기 위해서였습니다. 당시 어지간한 유대인이라면 다들 유월절을 지내기 위해 예루살렘으로 가지 않았습니까? 바울도 그때를 기해 예루살렘 교회를 방문하려고 한 것 같습니다. 처음에는 가까운 뱃길로 가려고 했으나 바울을 해하려고 공모하는 유대인들이 있어 육로를 따라 가게 되었습니다. 바울이 그렇게 육로를 따라 소아시아로 넘어갈 때 동행한 사람들이 있었습니다.

그들은 일곱 교회 대표들이었습니다. 당시 예루살렘은 기근으로 고생하고 있었고, 그 소식을 들은 교회들은 예루살렘 성도들을 돕기 위해 정성껏 구제금을 모았습니다. 그 구제금을 전달하기 위해 교회 대표들이 바울과 동행한 것입니다. 당시 교회는 정말 순수하고 뜨거웠습니다. 예루살렘 지역의 교회가 기근으로 고통한다는 소식에 소아시아와 유럽의 교회들은 멀리 떨어져 있으면서도 그 아픔을 같이 느꼈습니다. 우리는 모두 한 교회라는 생각이 굉장히 강했습니다. 얼마나 부러운 모습인지 모릅니다.

오늘날 교회들에 이러한 '한교회 의식'이 있는지 모르겠습니다. 교단이 다르고, 지역적으로 서로 연관이 없어도 참 예수 그리스도가 영광 받으시는 교회라면 어느 한 교회가 고통당할 때 함께 고통하면서 기도하는 교회가 되었으면 합니다. 그런 교회들이 될 때 하나님께서 얼마나 기뻐하실까요?

예루살렘으로 가는 여정에 드로아에서 이레를 머물게 되는데 거기서 재미있는 사건이 하나 벌어집니다. 유두고 사건입니다.

강론하는 열심, 듣는 열심

초대교회의 예배 모습을 보면 밤 시간에도 사람들이 모였습니다. 특별히 이 시간대에는 노예 신분인 사람들이 주를 이뤄 모였을 거라 생각됩니다. 하루 종일 주인에게 시달려 일하던 사람들이 말씀 듣겠다고 와서 앉았습니다. 모인 곳은 조그마한 방으로 3층이었습니다. 아래층은 다른 층보다 아마도 더 더웠을 것입니다. 게다가 밤이었으므로 횃불 같은 것 아니면 등잔불 같은 것으로 불을 밝혔을 것이고, 그래서 방 안은 연기가 자욱하고 사람들의 코가 금방 까매지는 상황이었을 것입니다. 공기가 탁한 것은 이루 말할 수 없었겠죠. 유두고는 아마도 잠도 올 것 같고, 공기도 텁텁하고 해서 바람이 선들선들 들어오는 창문에 걸터앉아 말씀을 듣겠다고 생각한 모양입니다.

그러나 창문 쪽은 아무래도 강론하는 사람 쪽에선 거리가 먼 곳이요, 바깥으로 정신이 자주 쏠릴 수 있는 자리입니다. 예배 시간에 보면 졸기 쉬운 자리가 있습니다. 그러니 졸지 않으려면 자리를 잘 잡아야 합니다. 가급적이면 앞자리, 또 사람들의 눈이 제일 많이 오고가는 자리에 앉으면 어지간히 피곤해도 꾸벅꾸벅 졸 수가 없습니다.

사실 유두고가 졸음을 이기지 못해 떨어진 데는 바울의 책임도 있습니다. 너무 설교를 오래 했기 때문입니다. 그래서였을까요? 바울이 내려가서 살려 주었습니다. 자기 책임이라고 하면서 말입니다. 나중에 바울은 자기 동행자들은 먼저 배로 보낸 후 자신은 나중에 육로로 이동합니다. 그 이유 중에 하나는 유두고가 완전히 회복되는 것을 보고 떠나기 위해서였습니다. 자기 책임이 있다고 생각했던 것 같습니다.

유두고의 사건에서 하나 느낄 수 있는 것은 강론하는 자나, 듣는 자나 얼마나 열심이었나 하는 것입니다. 내일 떠나야 할 사람이 날이 새는 줄도 모르고, 한쪽에 사람이 사고가 나서 죽어가는 그런 상황에서도 하나님의 말씀을 가르치려고, 또 그 말씀을 들으려고 얼마나 열심이었나요. 이 놀라운 성령의 불길 때문에 이 비천한 노예들을 통해서 로마가 복음 앞에 정복당한 것입니다. 아무것도 아닌 것 같은 사람들, 힘 없고 가치가 없어 보이는 사람들을 하나님이 들어 사용하셨습니다.

그들이 가진 그 능력이 어디서 나왔을까요? 하나님의 말씀을 사모하는 그들의 열심에서입니다. 그 갈급한 영혼을 위해 피곤한 것도, 무더운 것도, 공기가 탁한 것도, 잠이 오는 것도, 내일 길을 떠나야 할 것도 개의치 않고 하나님의 말씀을 가르치던 바울과 같은 위대한 종들 때문에, 성도들 때문에 복음이 그처럼 활활 타오를 수 있었다는 것을 잊어서는 안 됩니다.

◀) 또한 유두고처럼 졸더라도, 피곤하더라도, 그 자리를 떠나고 싶지 않아 끝까지 버티고 앉아서 말씀을 들으려고 하는 사람들이 있는 이상 교회는 병들지 않습니다. 사람이 창에서 떨어져 목숨이 끊어지는 것 같은 위기를 당하는 사건을 보고도 다시 올라가 하나님의

말씀을 듣고, 또 올라가서 성만찬을 나누고, 서로 헤어지기 싫어서 날이 새기까지 한 자리에 붙어 있던 그 위대한 사랑, 그 위대한 열정, 그 위대한 정신이 오늘날도 살아 있다면 교회는 병들지 않을 것입니다. 성령이 주시고, 말씀이 우리 마음속에 일으키는 이 놀라운 불꽃은 세상의 어떤 세력도 끌 수 없습니다.

　유두고의 사건이 주는 긍정적인 교훈이 있습니다. 얼마나 피곤했겠습니까? 밤중 내내 설교하면 졸지 않을 사람이 누가 있겠습니까? 그 자리에서 유두고만 졸았겠어요? 아닙니다. 바람이 드는 창가에서도 졸았는데, 한가운데 앉아 후텁지근한 공기를 마시고 있던 사람들이 졸지 않았을 리가 없습니다. 그러나 바울은 졸고 있는 것을 알면서도 말을 그치지 않았습니다. 그는 불타는 마음으로 잠결에라도 들으라고 외쳤습니다. 하나님의 종들에게 이와 같은 열정이 남아 있다면 오늘 문제가 아무리 많다고 할지라도 두려울 것이 없습니다. 하나님의 말씀을 향한 열정이 유두고와 거기에 참석했던 모든 사람의 가슴속에 있었던 것처럼 오늘날 성도들에게도 있다면 하나님 나라는 완성될 것이요, 하나님의 영광은 드러나고 말 것입니다. 초대교회의 아름다운 이 열정을 이어받는 교회들이 많아졌으면 좋겠습니다.

75 에베소를 향한 바울의 고별 설교

바울이 밀레도에서 사람을 에베소로 보내어 교회 장로들을 청하니
_ 사도행전 20:17

　　사도행전 20장 17-35절은 에베소 교회를 향한 바울의 고별 설교입니다. 이 본문은 사도행전에 기록된 설교들 중 신자를 대상으로 한 유일한 설교입니다. 여러 의미를 따져보기에 앞서 이것이 바울의 고별 설교라는 점이 가슴을 울립니다.

　　에베소 교회가 어떤 교회입니까? 에베소의 회당에서 복음을 전하던 바울은 유대인들의 반대로 두란노 서원으로 옮겨 밤낮없이 말씀을 가르쳤습니다. 그 말씀의 능력이 얼마나 강했던지 에베소뿐만 아니라 아시아 지역 여러 곳까지 복음이 전파되지 않았습니까? 에베소는 바울이 전도한 도시 중에 가장 오랜 시간 머문 곳이

기도 합니다. 그만큼 에베소가 선교 거점지로 중요했기 때문으로 보입니다.

3년이라는 기간 동안 교회를 세워 목회를 하던 바울은 대소란이 일어나자 자신이 떠나는 것이 교회에 유익하다고 판단했습니다. 바울은 떠나기 전에 지도자로서 역량이 있다고 생각되는 사람 몇을 세워서 교회를 감독하게 했습니다. 그리고 그들에게 마지막 당부의 말을 남깁니다.

예루살렘을 향해 가던 바울은 아시아에서 지체하지 않기 위해 에베소를 들르지 않고 지나가기로 작정했습니다. 오순절 안에 예루살렘에 도착하기 위해 급하게 가고 있었기 때문입니다. 바울은 에베소를 들르지 않는 대신 에베소에서 약 30마일 떨어진 밀레도라는 곳에서 사람을 보내어 에베소의 장로들을 초청했습니다. 그리고 마지막 고별설교를 했습니다. 바울의 뭉클한 마음을 읽을 수 있는 설교입니다.

이 고별 설교를 보면 바울이 3년 동안 에베소에서 목회하면서 얼마나 깨끗하고 진실하게 사역했는지를 볼 수 있습니다. 그는 그 교회의 장래를 염려하며 자신이 할 수 있는 모든 최선의 권면을 하고 있습니다. 이 설교는 목회자들에게 부러움과 한편으로는 두려움을 불러일으키는 설교입니다. 사람은 끝맺음이 좋아야 합니다. 마지막을 어떻게 잘 하고 떠나느냐, 또 떠날 때에 정리를 어느 정도로 은혜롭게 하느냐가 얼마나 중요한지 바울을 통해 더 깊게 깨닫게 됩니다.

성령에 매임을 받다

바울이 예루살렘으로 가는 이유 중에 하나는 그가 개척한 교회들이 모은 구제헌금 때문이었습니다. 이 구제헌금은 유대 나라 지역에 든 심한 기근으로 예루살렘 교인들이 고생하고 있다는 소식을 들은 소아시아와 유럽의 교회들이 모은 것이었습니다.

"보라 이제 나는 성령에 매여 예루살렘으로 가는데 거기서 무슨 일을 당할는지 알지 못하노라"(20:22).

예루살렘으로 가는 바울의 심경이 심상치 않았음을 볼 수 있습니다. 바울의 마음에는 가야 된다는 강박관념이 강하게 작용했습니다. 그는 그것을 '성령에 매여'라고 표현했습니다. 이 말은 '성령의 인도하심을 받아', '마음속에 하지 아니하면 안 된다는 음성이 있어서'라는 말로 바꾸어 써도 무방합니다.

바울이 느낀 것은 신자들이 가끔 느끼는 내면의 강박관념과 같았습니다. 바울은 그것을 뿌리칠 수가 없었습니다. 마음속에서 예루살렘에 가지 않을 수 없다는 어떤 음성이 있었습니다. 그러므로 그는 마치 배가 바람에 밀려서 바다를 미끄러져 나가듯이 자신의 힘이 아니라 보이지 않는 힘에 이끌려 예루살렘을 향해 가고 있었던 것입니다. 그런데 주변의 반응은 어떠했습니까? 지역에서든, 교회에서든 예루살렘에 간다는 말을 듣는 사람마다 성령의 말이라며 그곳에 가면 투옥된다, 굉장한 환란을 당한다고 만류했습니다. 바울은 만류하는 이들의 말을 부인하지 않았습니다. 오히려 예루살렘에서 자신이 어떤 일을 당할지에 대해 성령이 형제들을 통해 가르쳐 주시는 것으로 받아들였습니다.

바울의 마음을 움직이는 것은 누구입니까? 성령입니다. 바울에게 말씀하시는 성령님은 예루살렘으로 가야 된다는 강박관념만 주셨지 무슨 일이 일어날 것인가에 대해서는 가르쳐 주지 않았습니다. 오히려 바울이 아니라 제3자인 형제들을 통해 바울이 핍박당할 것이라는 사실을 가르쳐 주셨습니다. 이 두 개를 놓고 보면 분명한 사실이 나옵니다. 바울은 반드시 예루살렘에 가야 되며, 그곳에 가면 다시는 돌아오지 못하는 몸이 된다는 것입니다.

그런데 여기서 바울의 마음속에서 역사하시는 성령은 가라 하시고, 다른 형제들을 통해서 말씀하시는 성령은 가지 말라고 하셨다니 이렇게 상반된 것이 모두 성령의 음성이었을까요? 아닙니다. 그러면 형제들이 말하는 성령의 말씀이란 무엇이었겠습니까? 그것은 성령의 음성이 아니라 바울을 사랑하는 사람들의 인간적인 정입니다. 마치 예루살렘을 향해 가는 예수님을 베드로가 막았듯이 말입니다. 다른 사람의 입을 통해 들려오는 하나님의 뜻은 불순물이 끼일 가능성이 대단히 많다는 것을 알아야 합니다. 가장 정확한 것은 내 마음속에 주시는 성령의 음성입니다.

🔊 순수한 하나님의 뜻을 찾을 수 있습니까? 기도하지 않으면 안 됩니다. 또한 우리 마음속에 인간적인 관계라든지 이해관계, 감정적인 문제를 완전히 제거하기 전에는 하나님의 뜻을 찾는다는 것은 모래밭에서 바늘을 찾는 것과 마찬가지입니다. 아니 결코 찾아
낼 수가 없습니다. 인간에게는 불순물이 많습니다. 바울의 친구들은

그렇게 은혜 받고 성령 충만한 사람들이었지만, 한편은 성령의 뜻을 바로 이야기했고, 또 다른 한편은 자기들 마음대로 이야기했습니다. 그러나 바울은 속지 않았습니다. 정확하게 성령의 음성을 붙잡았습니다. 자기가 하고 있는 생각이 성령이 주셨음을 알았습니다. 그래서 그는 예루살렘을 향해 전진했습니다.

로마가 아닌 예루살렘으로

바울이 꼭 예루살렘을 가야 했던 문제를 놓고 찾아볼 말씀이 있습니다. 로마서 15장입니다. 로마서는 바울이 예루살렘을 향하기 전에 로마의 성도들에게 보낸 서신입니다. 때문에 로마행을 미루고 예루살렘으로 향했던 바울의 심정이 그대로 나타나 있습니다.

> "형제들아 내가 우리 주 예수 그리스도와 성령의 사랑으로 말미암아 너희를 권하노니 너희 기도에 나와 힘을 같이하여 나를 위하여 하나님께 빌어 나로 유대에서 순종하지 아니하는 자들로부터 건짐을 받게 하고 또 예루살렘에 대하여 내가 섬기는 일을 성도들이 받을 만하게 하고"(롬 15:30-31).

성령의 음성을 정확히 알고 그 음성을 따르던 바울에게도 마음에 불안감이 있었습니다. 예루살렘에서 무슨 일이 일어나리라는 것을 예감하고 있었던 것입니다. 그러니까 자기를 위해 기도해 달라고 부탁한 것입니다.

바울은 마음에 불안이 있었지만 가는 발길을 멈추지 않았습니다. 가라고 하는 성령의 음성 때문이었습니다. 또한 하나님이 예루살렘을 통해 로마와 스페인으로 복음을 들려 보내게 하실 것을 알고 있었기 때문입니다. 그래서 그는 그 고난의 길을 말없이 순종하며 갔습니다.

하나님의 종들에게는 가끔 이와 같은 성령의 음성이 들립니다. 사람이 이해할 수 없는 성령의 음성입니다. 사람의 판단으로는 갈 수가 없는 길인데 성령이 밀어 넣으실 때가 있습니다. 이럴 때는 순종하는 도리밖에 없습니다. 사랑의교회를 개척할 때도 꼭 같은 심정이었습니다. 아내도 반대하고, 주변에 있는 사람들도 반대하고, 누구 하나 개척하는 걸 좋아하는 사람이 없었습니다. 나이 마흔에 개척한다니까 모두 고개를 절레절레 흔들었습니다. 그리고 유학까지 갔다 와서 그 어려운 개척을 시작한다니까 다들 정신 나갔다는 생각을 했습니다. 미국에서 교포 교회를 하는 성도들은 나를 보고 측은하다는 듯 말하곤 했습니다.

하나님의 일을 위해 뛰는 사람들의 마음에는 가끔 사람들이 이해하지 못하는 성령의 음성이 있습니다. 나를 밀어붙이는 음성이 있습니다. 그 성령의 음성은 내가 도무지 바꿀 수가 없습니다. 내 마음에 있는 음성을 내가 지워 버릴 수가 없습니다. 아무리 고생스럽게 보여도, 아무리 어려운 길이 앞에 있어도, 하나님이 명하시는 뜻이라고 생각할 때는 되돌아설 수가 없습니다.

그러므로 하나님의 음성이 마음에 있을 때는 순종해야 합니다. 목사뿐만 아니라 평신도 지도자들도 가끔 교회를 위해 십자가를 질 때도 있고, 교회를 위해 어려운 짐을 홀로 져야 될 때도 있습니다. 마음속에서 성령이 주시는 음성이 있습니다. "네가 져라, 교회를 위해 져라, 교회를 위해 네 재물을 희생해라, 교회를 위해 그 비난을 그대로 받아라, 괜찮다." 성령이 주시는 음성이라면 그 일이 자신에게 손해를 끼칠지라도 바울처럼 그대로 순종하는 자세가 있어야 됩니다. 하나님의 사람이라면, 목회자라면, 신자라면 그래야 합니다.

76 자신의 목회를 돌아보다

오매 그들에게 말하되 아시아에 들어온 첫날부터 지금까지
내가 항상 여러분 가운데서 어떻게 행하였는지를 여러분도 아는 바니
곧 모든 겸손과 눈물이며 유대인의 간계로 말미암아 당한 시험을 참고 주를 섬긴 것과
유익한 것은 무엇이든지 공중 앞에서나 각 집에서나 거리낌이 없이
여러분에게 전하여 가르치고
유대인과 헬라인들에게 하나님께 대한 회개와
우리 주 예수 그리스도께 대한 믿음을 증언한 것이라

_ 사도행전 20:18-21

하나님의 판단과 사람의 공증

바울의 이 고별 설교는 목회자들에게 가장 많이 와 닿는 말씀인 것 같지만, 성도들에게도 중요한 의미가 있습니다. 목회자를 좀 더 깊이 이해하는 데 도움이 될 수 있고, 또 목회자를 도와서 평신도 지도자, 주일학교 교사 등 다른 이들을 양육하는 사람들은 꼭 알아두어야 할 중요한 원리가 이 말씀 속에 들어 있기 때문입니다. 그러므로 이 본문은 교역자뿐만 아니라 성도들에게도 필요한 말씀입니다.

바울은 3년 동안 에베소에서 목회를 했습니다. 개척 목회였습니다. 그가 목회를 바로 했는지, 아니면 바로 하지 못했는지에 대해서는 물론 주님이 말씀하시고 판단하실 부분입니다. 당연히 그럴 수밖에 없습니다. 그러나 바울은 참 중요한 말씀 하나를 했습니다. 그는 자신이 목회한 모든 과정과 결산을 놓고 주님의 판단만을 기다린 것이 아니었습니다.

"오매 그들에게 말하되 아시아에 들어온 첫날부터 지금까지 내가 항상 여러분 가운데서 어떻게 행하였는지를 여러분도 아는 바니" (20:18).

바울이 아시아에 들어온 것은 3년 전인지, 4년 전인지 정확히 알 수 없습니다. 목회는 3년 했지만 바울이 에베소 성도들을 만나기 전까지 시간이 있기 때문입니다. 하여튼 3년 이상의 기간 동안 그는 지금까지 자신이 에베소 성도들에게 항상 어떻게 행했는지를 성도 자신들이 알고 있다고 말합니다.

바울의 이 말은 참으로 중요합니다. 목회를 잘했느냐 못했느냐, 교역자와 성도들이 참으로 교회를 위해 바로 충성하고 바로 헌신했느냐 하는 것은 주님 앞에 가서 판단 받을 일이지만, 세상에서도 이 사실을 공증할 수 있는 사람들이 있다는 것입니다. 성도들은 목사가 목회를 잘했는지 못했는지 평가할 자격도 없고, 판단해서도 안 된다고 주장하는 목사는 교만한 사람입니다. 분명히 바울은 자신이 어떻게 목회했는지 처음부터 마지막까지 성도들이 다 알고 있다고 했고, 거기에 덧붙여 성도들에게 증인이라는 말까지 했습니다. 목회자의 목회 내용은 양 떼들이 정확하게 안다는 것입니다. 양 떼를 속이는 목회는 있을 수가 없다는 말입니다. 바울은 이 점을 분명히 했습니다.

바울은 자신의 목회에서 다음 세 가지를 에베소 교인들이 알고 있다고 이야기했습니다. 첫째 목회를 양심적으로 했는지, 둘째 바른 목회를 했는지, 셋째 바른 인간관계를 맺었는지입니다. 교회에서 일하는 사람은 바울이 말한 이 세 가지를 항상 기억하고 주의해야 됩니다. 양심껏 목회하고 있습니까? 올바른 사역, 즉 할 일을 바로 하고 있습니까? 사람과의 관계에서 깨끗합니까?

겸손한 목회

대부분이 알다시피 한 교회에서 목회한다는 것은 주님 앞에서 영광스러운 직분입니다. 감히 인간이 어떻게 그런 영광스러운 일을 할 수 있겠습니까? 그러나 또 다른 측면으로 볼 때는 세상에서 가장 어려운 일 중의 하나가 아닌가 합니다. 바울은 자기 양심을 놓고 이야기했습니다. 어떻게 목회를 했는지 말입니다.

"곧 모든 겸손과 눈물이며 유대인의 간계로 말미암아 당한 시험을 참고 주를 섬긴 것과"(20:19).

19절의 말씀을 보면 놀라지 않을 수가 없습니다. 성도들이 목회자가 모든 겸손으로 목회하고 있다고 다 인정할 수 있을까요? 목사가 정말 눈물로 목회하고 있다는 것을 다 인정할 수 있을까요?

목회를 하는 데 있어, 교회를 지도하는 데 있어 제일 어려운 것이 겸손입니다. 목사라는 위치는 하나님의 말씀을 가지고 가르치고 늘 앞에서 지도하고, 때로는 명령하고 책망하는 위치에 있는 사람이기 때문에 자기도 모르게 교만에 빠질 위험 요소를 늘 갖고 있습니다. 설혹 스스로는 겸손하다고 할지라도 그 겸손이 불완전하면 오히려 교만하다는 말을 듣기가 쉽습니다. 그러므로 겸손하려면 바울이 말한 것처럼 철저하게 겸손하든지, 아니면 포기하든지 해야지 어중간한 겸손을 가지고는 교만하다는 말로 평가를 받고 맙니다.

"유익한 것은 무엇이든지 공중 앞에서나 각 집에서나 거리낌이 없이 여러분에게 전하여 가르치고"(20:20).

흔히 교인들 생각에는 겸손한 목사라 하면 말소리도 조용하고, 항상 웃고, 절대 꾸짖지도 않는 분이라 생각합니다. 그러나 20절 말씀을 보면 참 흥미 있는 말이 나옵니다. '거리낌 없이'란 말입니다. 바울은 유익한 것이면 무엇이든지 공중 앞에서나 각 집에서나 거리낌 없이 가르치고 전하였다고 했습니다. 거리낌이 없이 했다는 것을 보니 바울은 절대로 우리가 생각하는 것처럼 고분고분하고 부드럽게 항상 웃는 스타일이 아니었던 것 같습니다.

◀) 목사가 제일 하기 어려운 일이 있다면 바로 거리낌 없이 가르치는 것입니다. 정말 어렵습니다. 사람 의식하지 않고, 환경 의식하지 않고 하나님의 말씀이기에 어떤 때는 냉혹하게, 어떤 때는 엄하

게, 어떤 때는 솔직하게 꺼리지 않고 말한다는 것은 목사로서는 어려운 부분입니다. 그렇게 해야 될 위치에 있으면서도 제일 하기 어려운 부분입니다. 그러나 바울은 양심적으로 목회했습니다. 무엇이든 유익하다고 생각한 것은 그 사람이 그 자리에서 상처를 입든지, 그 자리에서 받아들이지 못하더라도, 자칫 오해하고 마음의 문을 닫는 일이 생기더라도 상관하지 않고, 꺼리지 않고 말했습니다. 바울의 겸손은 절대로 우리가 생각하는 그런 겸손의 이미지가 아니었습니다.

진정한 겸손이란 무엇일까요? 진정한 겸손은 하나님을 두려워하는 마음으로 일관하는 자세입니다. 사실 주님의 일을 하는 사람이 목사든, 평신도든 간에 그 일을 맡긴 분은 주님 아닙니까? 내가 내 일을 하는 것이 아닙니다. 그러니 내게 자랑할 것이 하나도 없는 것입니다.

겸손해지기 위해서는 시종일관 하나님을 두려워하는 마음을 간직하고 살아야 합니다. 바울이 말하는 것처럼 날마다 부들부들 떨어야 하고, 날마다 죽어야 합니다. 바울은 양심적으로 말했습니다. "나는 시종일관 겸손했다"고 말입니다. 이러한 바울의 모습은 목회자뿐만 아니라 모두가 배워야 합니다. 이것을 배우지 못하면 우리는 성령의 도구라고 말할 수 없습니다. 겸손하지 못한 사람은 성령의 도구가 아닙니다.

"젊은 자들아 이와 같이 장로들에게 순종하고 다 서로 겸손으로 허리를 동이라 하나님은 교만한 자를 대적하시되 겸손한 자들에게는 은혜를 주시느니라"(벧전 5:5).

허리를 동이는 것은 띠입니다. 띠는 그 사람의 인품을 마지막으로 매듭지어 주는 장신구로서 중요한 역할을 합니다. 아무리 그 사람이 믿음 좋고, 성경 지식이 탁월하고, 남을 잘 가르치고, 모든 면에서 능력이 있고 은사가 있다 할지라도 겸손이 없으면 마치 좋은 옷을 입고도 허리띠를 매지 아니한 사람과 똑같습니다. 나중에는 망신을 당하고 곤란한 상황에 빠지기도 합니다.

교회의 모든 교역자, 평신도 지도자들은 겸손하지 않으면 제대로 목회할 수 없습니다. 그러나 만약에 조금이라도 목사가 겸손하지 않은 것이 틀림없다고 생각되면 충분히 기도한 후에 충고하는 것이 좋습니다. 이것이 서로를 위한 방법입니다.

눈물과 인내로

바울은 또한 눈물로 목회했다고 말합니다. 바울은 세 부류의 사람들로 인해 눈물을 흘렸습니다.

먼저 불신자들 때문에 눈물을 흘렸습니다(20:19). 또한 문제를 자주 일으키는 신자들 때문에 눈물을 흘렸습니다.

"내가 마음에 큰 눌림과 걱정이 있어 많은 눈물로 너희에게 썼노니 이는 너희로 근심하게 하려 한 것이 아니요 오직 내가 너희를 향하여 넘치는 사랑이 있음을 너희로 알게 하려 함이라"(고후 2:4).

불신자들을 향해 눈물을 흘리는 것은 자연스러운 일입니다.

그러나 사실 교역자의 입장에서 제일 안 되는 것이 문제 일으키는 신자를 놓고 눈물을 흘리는 것입니다. 고의적으로 사탄의 도구가 되어 교회 안에서 여러 가지 문제를 일으키는 신자는 사람들의 마음부터 먼저 상하게 하기 때문에 그런 사람을 생각하면 좀처럼 눈물이 나지 않습니다. 인간적인 마음으로는 원망이 먼저 앞서고, 대적하고 싶은 마음이 앞서지, 바울처럼 눈물을 흘리고 그 사람을 위해 기도하며, 권면하는 것은 어렵습니다. 솔직한 고백입니다.

> "내가 여러 번 너희에게 말하였거니와 이제도 눈물을 흘리며 말하노니 여러 사람들이 그리스도의 십자가의 원수로 행하느니라"(빌 3:18).

바울이 또 눈물을 흘린 대상이 있었습니다. 그리스도의 십자가의 원수로 행하는 사람들, 즉 완전히 이단으로 돌아선 사람들, 교회를 완전히 떠나 복음을 팽개쳐 버린 사람들입니다. 이러한 배교자들을 놓고 바울은 눈물을 흘렸습니다. 이 눈물도 쉬운 눈물이 아닙니다. 영혼을 정말 사랑하는 뜨거운 사람이 아니면 흘리지 못할 눈물입니다.

바울은 정말 위대한 목회자입니다. 그는 위대한 선교사일 뿐만 아니라 위대한 목회자입니다. 왜냐하면 눈물이 있었기 때문입니다. 믿지 아니하는 자들을 향해서도, 교회 안에서 거치는 돌의 역할을 하는 사람들을 놓고도, 교회를 등지고 예수를 저버리고 떠나는 사람들을 놓고도 눈물을 흘릴 줄 알았기에 그렇습니다.

오늘날 목사들이 목회 위기를 당하는 이유가 어디 있을까요?

눈물이 메말랐기 때문 아닐까요? 영혼 하나하나를 놓고 흘리는 눈물이 메마르지는 않았습니까? 교회는 이렇게 눈물이 메마른 목회를 하는 현장이 되어서는 안 됩니다. 목사를 포함한 모든 교역자는 물론, 장로들까지도 양 떼를 위해 무릎을 꿇고 약한 자를 위해 눈물 흘리고, 교회를 떠난 사람을 놓고도 눈물 흘리는 뜨거운 마음이 있어야 합니다. 그런 마음이 있는 교회라면 날로 하나님의 축복을 받을 수 있습니다. 눈물이 마른 곳에서는 생명이 싹트지 않습니다. 잘 우는 것도 은사입니다.

바울은 원래 태생이 냉정한 사람이었습니다. 사실 바울처럼 찔러도 피 한 방울 안 나올 것 같은 사람이 또 누가 있습니까? 바울처럼 눈물이 없는 삶도 없습니다. 바울이 기록한 서신만 보더라도 그가 얼마나 날카로운 사람이었는지 알 수 있습니다. 그러나 그도 결국에는 눈물을 흘렸습니다. 그것도 마를 새가 없이 흘렸습니다. 은혜 받았기에 가능한 일이었습니다. 바울이 우리 주님의 눈물을 이어받은 것처럼, 오늘 교회 지도자들도, 또한 교회에서 영적 사역에 동참하고 있는 평신도들도 바울의 눈물을 이어받아야 하겠습니다.

바울이 양심적으로 목회했다고 하는 또 하나의 이유는 인내입니다. 오래 참는 것은 대단히 중요합니다. 평신도 사역을 하는 분들을 보아도 인내할 줄 아는 분이 사역을 잘하는 것을 봅니다. 인내하지 못했다면 얼마 안 있어 그만두었어야 할 일을, 인내했기 때문에 열매가 따라오는 것을 많이 보았습니다. 그러나 여러 가지 어려운 문제가 생길 때 그 고비를 인내하지 못해 뿌려 놓은 씨앗의 열매를 거두지 못하는 안타까운 장면 또한 자주 보게 됩니다. 목회에서도 마찬가지입니다.

"내가 달려갈 길과 주 예수께 받은 사명 곧 하나님의 은혜의 복음을 증언하는 일을 마치려 함에는 나의 생명조차 조금도 귀한 것으로 여기지 아니하노라"(20:24).

바울처럼 주님의 교회를 위하여, 이웃에 있는 형제들을 위하여 참으로 영적 지도자로서 쓰임 받기를 원한다면 그가 했던 결심이 우리에게도 필요합니다. 소명의식이 필요합니다. 주님의 일을 위해서는 생명을 조금도 귀한 것으로 여기지 않았던 바울의 그 자세를 닮아야 합니다. 이 말씀은 바울 같은 사람에게만 적용되는 것이 아닙니다. 주님 앞에 부름 받고 하나님의 영광을 위해서 소명 받은 모든 그리스도인에게 적용되는 말씀입니다.

주님께서는 에베소 교회를 향해 말씀하셨습니다. 죽도록 충성하라고 말입니다. 죽도록 충성하는 것은 자기 생명을 조금도 귀한 것으로 여기지 않고, 주님 영광 위해 희생하려고 하는 자에게만 가능한 이야기입니다. 바울과 같이 겸손과 눈물과 인내를 가지고 죽기까지 충성하기를 원하는 영적 지도자들이 되기를 원합니다. 지도자가 되기 위해 노력하라는 말도 당부드리고 싶습니다. 어떤 형태로라도 다른 형제를 영적으로 도와주는 사람이 되십시오. 눈물을 흘릴 줄 아는 영적 지도자가 되십시오. 그것이야말로 참으로 영광스러운 일입니다.

77 에베소 교회를 말씀에 맡기다

지금 내가 여러분을 주와 및 그 은혜의 말씀에 부탁하노니
그 말씀이 여러분을 능히 든든히 세우사
거룩하게 하심을 입은 모든 자 가운데 기업이 있게 하시리라
_ 사도행전 20:32

성령이 세우신 감독자

세월이 흐를수록 교역자와 교회에서 중요한 직분을 맡은 사람들을 과소평가하는 경향이 두드러지고 있습니다. 평신도들의 수준이 그만큼 높아졌다고 긍정적으로 받아들일 수도 있겠지만 그만큼 교역자들의 권위가 땅에 떨어졌다는 말도 됩니다. 그래서 어떤 극단적인 상황에서는 교역자가 필요 없다는 말까지 나오고, 교역자를 너무 쉽게 내보내는 교회도 있습니다. 그 이유가 어디 있든 성경적인 입장에서 보면 비극이라 하지 않을 수가 없습니다.

"여러분은 자기를 위하여 또는 온 양 떼를 위하여 삼가라 성령이 그들 가운데 여러분을 감독자로 삼고 하나님이 자기 피로 사신 교회를 보살피게 하셨느니라"(20:28).

바울이 에베소 교회의 지도자인 장로들을 앞에 놓고 한 이 말씀은 교회 지도자와 양 떼와의 관계, 또 교회 지도자의 권위, 교회 지도자의 중요성 등을 충분히 검토할 수 있는 좋은 근거가 된다고 봅니다.

교역자는 성령이 세운 교회 지도자입니다. 일단 교회 감독자로 세움을 받은 목사나 장로는 이미 성령께서 세운 사람이라고 우리는 믿음으로 받아들입니다. 성령으로 세운 사람은 절대로 교회에 해를 끼치지 않습니다. 그럼에도 교회에 해를 끼치는 지도자와 장로가 있다면 그런 사람을 과연 성령이 세웠다고 말할 수 있을까요? 아닙니다. 인간적인 수단과 방법으로 목사, 장로가 된 사람도 많습니다. 안수받았다고 해서 무조건 다 성령이 세웠다고 말하면 그것은 착각입니다.

좋은 나무는 그 열매를 보면 안다고 하신 것과 같이 과연 하나님이 세운 목사인지, 장로인지를 보려면 끝을 봐야 합니다. 열매를 보면 알 수 있습니다. 양 떼를 위해 헌신하고 주님 앞에 바로 충성한 사람이면 성령이 세운 사람입니다. 반면 교회에 거치는 돌이 되고, 남의 믿음을 끌어내리고, 교회를 혼란스럽게 하는 사람은 성령이 세운 사람이 아닙니다. 어떻게 성령이 그런 사람을 세우겠습니까?

성경이 장로들을 존경하고, 젊은이들에게 겸손하게 순종하라고 한 이유가 있습니다. 왜 그럴까요? 장로가 잘나서 그럴까요? 아닙니다. 사람은 잘난 것이 없습니다. 꼭 같은 인간일 뿐입니다. 냄새 나는 부분도 있고, 결점도 많습니다. 그럼에도 성경은 그들을 존경하라고 한 이유가 있습니다. 그 사람을 교회 감독자로 세운 성령 하나님 때문입니다. 하나님께서 세운 사람을 함부로 대할 수가 없다는 것입니다. 이것이 이 본문이 주는 중요한 의미입니다.

한번 생각해 봅시다. 성경은 교회를 가리켜 하나님이 자기 피로 사신 것이라고 말하고 있습니다. 이것은 예수 그리스도가 십자가에 죽으시고 인류를 위해, 교회를 위해 모든 죗값을 지불하셨다는 의미입니다. 예수님이 십자가에 죽으셨기 때문에 비로소 교회가 지상에 탄생할 수 있었습니다. 하나님께서 자신이 지불할 수 있는 최대치를 지불하신 것입니다. 이것은 다른 어떠한 말로도 표현할 수가 없습니다. 하나님이 자기 피를 주고 샀다는 말씀에서 우리가 무슨 말로 그 값을 표현할 수 있겠습니까? 그러니 하나님께는 교회만큼 귀한 존재가 없습니다. 전 재산을 털어서 산 보석이 있다면 그 보석만큼 자신에게 귀한 것이 또 어디 있겠습니까? 값이 지불된 액수가 크면 클수록 그 값을 치른 당사자에게는 굉장히 중요한 가치를 지니게 되는 것입니다.

지도자의 직분

하나님께서 자기 피를 주고 교회를 샀다는 것은 하나님께 교회보다 더 중요한 것은 없다는 뜻입니다. 이처럼 중요한 교회를 맡을 감독자라면 하나님께서 절대로 아무렇게나 세우지 않으실 것입니다. 맡기신 다음에도 인간의 수단과 방법을 사용해 마음대로 하게 내버려 둘 리도 만무합니다. 그러므로 교회를 맡은 감독자가 제대로 자신의 사역을 감당하지 못한다면 교회를 눈동자같이 지키시는 하나님께서 분명히 개입하십니다.

따라서 일단 교회 지도자는 평신도와 직분상 구별된다는 것을 먼저 기억해야 하겠습니다. 신분상의 차이는 없다 하더라도 하나님께서 주신 직분상의 차이는 있습니다. 하나는 감독자요, 하나는 양 떼입니다. 이 두 관계를 혼동하면 안 됩니다. 목사에게는 성도들에게 없는 것이 하나 있습니다. 장로들에게도 평신도들이 갖고 있지 아니한 중요한 것이 하나 있습니다. 그것은 양 떼를 치는 직분을 맡았다는 것입니다.

"하나님이 교회 중에 몇을 세우셨으니 첫째는 사도요 둘째는 선지자요 셋째는 교사요 그 다음은 능력을 행하는 자요 그 다음은 병 고치는 은사와 서로 돕는 것과 다스리는 것과 각종 방언을 말하는 것이라 다 사도이겠느냐 다 선지자이겠느냐 다 교사이겠느냐 다 능력을 행하는 자이겠느냐"(고전 12:28-29).

바울이 말한 것처럼 다 사도요, 다 교사요, 다 목사일 수가 없습니다. 하나님이 그런 식으로 교회를 맡겨 주시지 않았습니다. 그러므로 이 두 관계를 분명히 구별해야 하겠습니다. 신분의 구별이 아니라 직분상의 차이입니다.

성령께서 선택하시고 교회를 맡겨 주신 교회의 감독자들에게는 성령이 특별히 역사하시는 것을 봅니다. 성령이 예수 갓 믿은 사람에게나, 교회를 맡은 목사에게나 별 차이 없이 일하신다고 생각합니까? 꼭 같은 사람이고, 꼭 같은 성령이 일하신다고 그렇게 생각하는 것은 너무 순진한 생각입니다. 목사는 직분이 너무 막중하기 때문에 하나님께서는 일반 양 떼보다도 더 예민하게, 더 무섭게 개입하십니다. 이런 면에서 성도들은 교회 감독 직분을 맡은 사람들을 대할 때마다 하나님께서 특별히 간섭하시고 은혜 주신다는 사실을 인정해야 됩니다. 그래서 목사가 마음에 들지 않는 말을 할지라도 목사가 기도하고 교회를 위해서 깊이 생각하고 하는 말이라면 들어야 합니다. 하나님께서 목사를 통해 무엇인가 가르쳐 주신다는 믿음이 있어야 합니다. 이것은 감독자의 권위를 인정하는 자세입니다. 만약에 그것을 인정하지 않는다면 교역자나 교회 장로들은 교회를 지도하지 못합니다.

양 떼를 맡은 자

교회 책임자는 양 떼를 맡았기에 맡은 자로서의 모든 사명을 다해야 합니다. 그런데 어느 정도까지 해야 모든 사명을 다했다고 말할 수 있을까요?

"그러므로 오늘 여러분에게 증언하거니와 모든 사람의 피에 대하여 내가 깨끗하니"(20:26).

바울은 에베소 교인들과 에베소에 있는 모든 안 믿는 사람들에게까지 그들의 피에 대해 결백하다고 자신 있게 말했습니다. 바울의 이 고백은 하나님께서 에스겔에게 말씀하신 개념을 그대로 적용한 것입니다.

"인자야 내가 너를 이스라엘 족속의 파수꾼으로 삼음이 이와 같으니라 그런즉 너는 내 입의 말을 듣고 나를 대신하여 그들에게 경고할지어다 가령 내가 악인에게 이르기를 악인아 너는 반드시 죽으리라 하였다 하자 네가 그 악인에게 말로 경고하여 그의 길에서 떠나게 하지 아니하면 그 악인은 자기 죄악으로 말미암아 죽으려니와 내가 그의 피를 네 손에서 찾으리라 그러나 너는 악인에게 경고하여 돌이켜 그의 길에서 떠나라고 하되 그가 돌이켜 그의 길에서 떠나지 아니하면 그는 자기 죄악으로 말미암아 죽으려니와 너는 네 생명을 보전하리라"(겔 33:7-9).

하나님께서는 에스겔에게 당신이 세운 파수꾼이라 하시며 파수 일을 제대로 하면 핏값을 묻지 않겠지만, 그 직분을 감당하지 못해서 이스라엘 백성이 멸망하면 그 핏값을 찾으리라고 말씀하셨습니다.

바울이 에베소 사람들에게 핏값이 없다고 당당하게 말하는 것을 볼 때 어떤 면에서 가슴이 서늘해짐을 느낍니다. 에베소 교회를 맡은 목사로서 교인들을 바르게 가르치고 복음을 성실하게 증거하는 데 최선을 다했으므로 설혹 교회 안에서, 혹은 교회 밖의 어떤 사람이 잘못된다고 해도 바울은 책임이 없다는 것입니다.

그런데 이 개념을 뒤집어 본다면 바울이 만약 게을러서, 교인들을 바로 가르치지 않아서 이단에 넘어갔다면, 바울이 복음을 꼭 전해야 될 대상에게 복음을 전하지 않은 채 가만히 내버려 두고, 에베소에 있는 많은 사람들이 복음을 듣지 못하고 그대로 죽었다고 한다면 그 책임 또한 바울이 진다는 이야기입니다.

교회의 지도자인 목사가 지는 짐은 너무나 무거운 것입니다. 목사 본인 한 사람의 잘못으로 수많은 생명이 한꺼번에 어려움을 당할 수 있기 때문입니다. 바울이 말한 것처럼 오늘날 목사들 또한 자신 있게 말할 수 있으면 얼마나 좋을까요.

이리로부터 보호하다

바울이 떠나면서 특별히 걱정하고 염려한 것이 있었습니다. 자신이 떠난 뒤 흉악한 이리가 들어와 양 떼를 약탈해 가는 것이었습니다.

교역자가 해야 할 중요한 일 중의 하나가 이단을 막는 것입니다. 교회의 교역자가 중요한 이유, 가르치는 사람이 그 교회에 자기 위치를 바로 지켜야 되는 이유 중의 하나가 바로 이단을 방지하기 위해서입니다.

교회사를 보면 주후 3세기부터 교역자 제도가 체계적으로 정착하기 시작했습니다. 교회가 성직자 제도를 이처럼 급하게 받아들인 이유는 이단 때문이었습니다. 사방에서 너무나 많은 이단들이 일어났습니다. 이것을 막고 이단과 이단 아닌 것을 구별하기 위해서 전문적으로 신학을 공부하고 성경을 공부한 교역자들이 교회 지도자로서 서야만 했습니다.

이단 때문에 기록된 서신서는 총 아홉 개로 볼 수 있습니다. 고린도후서, 갈라디아서, 데살로니가후서, 히브리서, 베드로후서, 요한일·이·삼서, 유다서가 전부 교회에 들어온 이단 때문에 쓴 것입니다. 그만큼 잘못된 교리가 들어올 수 있고, 잘못된 지도자가 들어와서 양 떼를 낚아채 갈 수도 있고, 잘못된 사탄의 역사가 일어날 수 있는 여지가 충분히 있는 것이 지상 교회입니다.

교회 지도자들이 흉악한 이리로부터 양 떼를 보호할 수 있는 방법은 철저하게 가르치는 것입니다. 가르쳐서 어떤 이단이나 잘못된 교훈에 귀를 기울이지 않도록 해주는 것입니다. 가끔 보면 좋지 않은 어떤 지도자나, 불건전하고 불순한 신학사상 때문에 교회가 물이 들어서 상당히 진통하는 것을 봅니다. 그 책임은 교역자가 져야 합니다. 교인들을 바로 가르치지 않았기 때문입니다.

그러므로 일단 어느 교회에 들어가 담임 목사 밑에서 지도를 받을 때 목사가 진리를 바로 가르치지 않는다 하면 두말 없이 나가야 합니다. 그러나 하나님의 말씀을 바로 가르친다면 그 말씀에 정착해야 합니다. 그래야만 위험을 방지할 수 있습니다. 또한 교회의 지도자는 모든 이단과 세속주의와 그릇된 신비주의와 하나님 아버지의 말씀을 허물어뜨리는 모든 잘못된 교훈에서 양 떼를 막아 주어야 합니다.

말씀에 맡기다

바울은 떠나면서 교회와 교회 지도자들을 주님과 그 은혜의 말씀에 부탁했습니다. 다시 말해 하나님의 말씀에다 교회 지도자들을 맡기고 떠났습니다.

"지금 내가 여러분을 주와 및 그 은혜의 말씀에 부탁하노니 그 말씀이 여러분을 능히 든든히 세우사 거룩하게 하심을 입은 모든 자 가운데 기업이 있게 하시리라"(20:32).

에베소 교회는 시작될 때 열두 사람이 성령의 은사를 체험한 교회입니다. 바울이 그들에게 안수를 하자 마치 예루살렘에서 120문도가 성령 충만한 체험을 한 것과 같이 신비한 체험을 했습니다. 그런데도 보십시오. 3년이 지난 다음 바울은 그들에게 다음과 같은 말을 남겼습니다. 그는 "내가 너희에게 성령의 은사와 체험에 맡기고 떠난다"고 하지 않고 "하나님 말씀에 맡긴다"고 말했습니다. 에베소 교회의 상황에서는 성령 운동이 복잡한 양상으로 나타날 수도 있었습니다. 그러나 에베소 교회는 철저히 하나님 말씀을 중심으로 하는 교회였습니다.

교회를 지도해야 될 교회 감독자들에게 가장 중요한 것은 하나님 말씀에 바로 서는 것입니다. 그 말씀은 교회를 든든히 세워 주고 붙들어 줄 것이기에 그렇습니다. 그러므로 성도들은 기도해야 합니다. 교회의 지도자들이 하나님 말씀에 굳게 서게 해 달라고 날마다 기도해야 합니다. 그것이 곧 모두가 사는 길입니다.

"내가 아무의 은이나 금이나 의복을 탐하지 아니하였고 여러분이 아는 바와 같이 이 손으로 나와 내 동행들이 쓰는 것을 충당하여 범사에 여러분에게 모본을 보여준 바와 같이 수고하여 약한 사람들을 돕고 또 주 예수께서 친히 말씀하신 바 주는 것이 받는 것보다 복이 있다 하심을 기억하여야 할지니라"(20:33-35).

또한 바울은 인간관계에서 경제적인 문제로 복잡한 일들을 일으키지 않았습니다. 교회에서는 목사든 부교역자든 물질 때문에 교인들에게 어떤 의심을 받는다든지, 거래가 서로 명료하지 않아 서로 인격적으로 손상을 당하는 일이 있어서는 안 됩니다. 교역자는 돈 문제에 있어서 깨끗해야 합니다. 평신도 사역을 하고 있는 분들도 마찬가지입니다. 일단 말씀을 가르치는 사역을 하는 이상 금전관계로 복잡하게 얽히지 말아야 합니다. 이것은 백해무익입니다. 영적인 문제에 있어서 물질적인 것들이 걸리지 않도록, 바울처럼 깨끗하게 주님의 몸 된 교회를 섬겨야 하겠습니다.

사도행전 21장

78 바울의 각오, 제자들의 승복

우리가 그 말을 듣고 그곳 사람들과 더불어 바울에게 예루살렘으로
올라가지 말라 권하니 바울이 대답하되 여러분이 어찌하여 울어
내 마음을 상하게 하느냐 나는 주 예수의 이름을 위하여 결박 당할 뿐 아니라
예루살렘에서 죽을 것도 각오하였노라 하니 그가 권함을 받지 아니하므로
우리가 주의 뜻대로 이루어지이다 하고 그쳤노라

_ 사도행전 21:12-14

예루살렘으로 향하다

바울 당시의 지도가 있다면 지도상에서 바울이 예루살렘으로 돌아간 그 여정을 따라 가 보는 것도 좋을 것 같습니다. 바울은 뱃길을 따라 밀레도에서 고스로, 고스에서 로도로, 로도에서 베니게로, 베니게에서 두로로, 두로에서 돌레마이로 갔고, 돌레마이부터는 육로를 따라 가이사랴를 지나 드디어 예루살렘으로 갔습니다.

주님을 위해 충성하는 일에는 끝이 없습니다. 두로, 고스, 로도 등 도대체 알려지지도 않은 이상한 이름들이 나열되어 있지만,

그 단어와 단어 사이에는 우리가 감히 상상도 할 수 없는 고초가 숨어 있을 것입니다. 그리고 주님을 위해 죽기를 각오하고 예루살렘으로 향했던 바울과 누가, 그리고 동역자들의 발자취가 배어 있습니다. 그러므로 성경에 기록된 것은 한 글자라도 놓칠 수가 없습니다. 단순히 넘어갈 수가 없습니다.

본문 말씀 중에 참 인상 깊은 부분이 있습니다. 바울이 지중해를 완전히 건너 드디어 예루살렘 근방인 두로에 도착하지 않았습니까? 배에 있는 짐을 풀 동안 한 일주일을 머물렀는데 일을 다 마치고 떠나는 날 아주 인상 깊은 장면이 벌어졌습니다. 떠나는 바울을 전송하기 위해 나온 제자들과 그 처자들이 다 함께 바닷가에서 무릎을 꿇고 기도하는 장면이 펼쳐진 것입니다.

오늘날 이러한 풍경이 바닷가에서 펼쳐진다면 주변에서 그렇게 이상하게 보지는 않을 것입니다. 예수 믿는 사람이 워낙 많고, 공항이든지 사람을 떠나보내는 곳이라면 기도하는 것을 흔히 볼 수 있기 때문입니다. 그러나 바울 당시는 그렇지 않았습니다. 당시만 해도 기독교는 완전히 이방 세계에 둘러싸여 있었고, 예수 믿는 사람이라 하면 항상 이상한 눈초리로 보는 시대였기에 오늘날과는 그 반응이 달랐을 것입니다. 그러나 그러한 사람들의 눈총은 아랑곳하지 않고 바울을 위시한 모든 사람들은 무릎을 꿇고 기도했습니다. 참으로 대단합니다.

이와 같이 무릎을 꿇고 기도하는 장면은 성경상에 자주 등장하고 있습니다.

다니엘은 하루 세 번씩 예루살렘을 향해서 무릎을 꿇고 기도했고, 엘리야도 갈멜 산에서 땅에 꿇어 엎드려 기도했습니다. 솔

로몬은 성전 헌당식을 하면서 백성들 앞에서 축복 기도하면서 무릎을 꿇고 손을 들어 기도했고, 에스라는 포로 생활을 하고 돌아온 이스라엘의 지도자들이 정신을 차리지 못한 채 이방 여자들과 통혼하는 것을 보고 가슴 아파 무릎을 꿇고 여호와 하나님을 향해 기도했습니다.

신약에서도 무릎을 꿇고 기도하는 모습을 찾아 볼 수 있습니다. 먼저 예수님 자신이 겟세마네 동산에서 기도하실 때 무릎을 꿇었습니다. 그리고 초대교회 성도들도, 베드로도 무릎을 꿇고 하나님 앞에 기도했습니다. 로마 감옥에 갇혀 있는 바울이 에베소 교인들을 위해 기도할 때도 그 차가운 로마 감옥 바닥에 무릎을 꿇고 기도했습니다. 이와 같이 신구약을 막론하고 성경에 기록된 위대한 성도들이 보여 준 한결같은 기도의 자세는 무릎 꿇는 자세였습니다. 예수님을 위시해서 위대한 하나님의 종들은 모두 무릎 꿇고 기도했습니다.

그렇다면 무릎 꿇는다는 말의 의미는 무엇일까요? 다음의 말씀과 비교해 보면 명확하게 알 수 있습니다.

"그러나 내가 이스라엘 가운데에 칠천 명을 남기리니 다 바알에게 무릎을 꿇지 아니하고 다 바알에게 입맞추지 아니한 자니라"(왕상 19:18).

"그에게 하신 대답이 무엇이냐 내가 나를 위하여 바알에게 무릎을 꿇지 아니한 사람 칠천 명을 남겨 두었다 하셨으니"(롬 11:4).

바알에게 무릎을 꿇지 않았다는 것은 바알에게 복종하지 아니했다는 의미입니다. 반대로 하나님 앞에 무릎을 꿇는다는 것은 믿음의 표현이요, 경외하는 표현이요, 복종의 표현이요, 믿음의 정절을 지키는 표현이요, 헌신의 표현입니다. 모든 표현이 다 그 안에 있다 해도 과언이 아닙니다.

무릎 꿇고 기도했던 위대한 신앙의 선배들을 생각하며 우리 자신의 모습을 되돌아 보았으면 합니다. 어떻게 기도합니까? 태도가 모든 것을 결정하는 것은 물론 아닙니다. 성경에도 태도를 근거로 기도를 잘한다 못한다 따지지 않고, 기도가 진실하다 그렇지 않다고도 하지 않습니다. 하지만 인간의 행동은 그 마음이 좌우한다는 것을 고려할 때 행동을 전혀 무시하기는 어렵습니다. 마음이 흐트러져 있으면 행동도 흐트러지고, 하나님 앞에 자신의 마음을 온전히 드리는 경외감이 있다면 태도에도 자연적으로 경외감이 묻어 나옵니다. 이런 면에서 서양 사람들보다는 동양 사람들이 얼마나 아름다운지 모릅니다. 무릎 꿇는 전통이 유교에서 왔든 불교에서 왔든 무릎 꿇고 기도하는 것은 성경적입니다.

기도하는 자세와 함께 말하고 싶은 것이 있습니다. 교회 밖에서 성도들과 모였을 때 공적으로 기도하는 것을 너무 세상을 의식해 피하지 말라는 것입니다. 기도하는 것이 얼마나 아름다운 일입니까? 쇼를 할 필요는 없습니다. 예수 믿는다는 것을 알리기 위해 의식적으로 기도할 필요도 없습니다. 그러나 사람들이 아무리 많이 있어도 정말 머리 숙여 기도해야 될 때는 기도해야 되고, 꼭 무릎을 꿇고 하나님 앞에 매달리지 아니하면 안 되는 어려운 상황에서는 무릎을 꿇어야 합니다. 바울 앞에 놓인 길은 죽음으로 향하는 길이나 마찬가지였습니다. 그러니 사람들이 얼마나 진지했겠습니까? 자기들의 영적 지도자가 죽음을 향해 달려가는데 무릎을 꿇는 것이 문제며, 사람들이 쳐다보는 것이 문제였겠습니까? 아무 상관이 없었습니다. 두로의 바닷가는 그렇게 남녀노소를 무론한 하나님의 사람들이 무릎으로 드리는 간절한 기도 소리로 가득했습니다.

"하늘에 있는 자들과 땅에 있는 자들과 땅 아래에 있는 자들로 모든 무릎을 예수의 이름에 꿇게 하시고"(빌 2:10).

모든 무릎을 예수 그리스도의 이름 앞에 꿇게 하는 것은 하나님의 뜻입니다. 시편 기자가 말한 것과 같이 굽혀 경배하며 우리를 지으신 여호와 앞에 무릎을 꿇는 그리스도인이 되어야 하겠습니다.

빌립의 네 딸들

바울이 가이사랴로 갔습니다. 가이사랴는 예루살렘에서 불과 100킬로미터 거리에 있는 도시였습니다. 예루살렘에 더욱 가까이 온 것입니다.

"이튿날 떠나 가이사랴에 이르러 일곱 집사 중 하나인 전도자 빌립의 집에 들어가서 머무르니라"(21:8).

빌립은 초대교회에서 구제와 관련된 문제가 생겼을 때 그 일을 대신할 사람으로 뽑힌 일곱 집사 중의 한 사람이었습니다. 그에게는 네 명의 딸이 있었습니다. 성경은 빌립의 네 딸에 대해 은혜를 받아서 예언하는 자라고 하며 그들을 가리켜 '처녀'라고 소개하고 있습니다. 이 '처녀'라는 말의 의미는 우리가 상식적으로 아는 의미와는 거리가 있습니다.

"마음이 갈라지며 시집가지 않은 자와 처녀는 주의 일을 염려하여 몸과 영을 다 거룩하게 하려 하되 시집 간 자는 세상일을 염려하여 어찌하여야 남편을 기쁘게 할까 하느니라"(고전 7:34).

고린도전서 말씀을 보면 '시집가지 않은 자'와 '처녀'를 따로 언급하고 있습니다. 시집가지 아니한 사람은 진짜 미혼자를 말하는 것이고, 처녀는 성격이 좀 다릅니다. 결혼을 안 했을 수도 있고, 했을 수도 있습니다. 결혼을 안 한 경우는 혼기를 훨씬 넘겨 버린 사람, 혹은 결혼할 생각을 안 하고 있는 사람이고, 결혼을 한 경우는 결혼은 했지만 남편과 서약을 한 경우입니다. 부부가 결혼해서 한 집에 살지만 주님께 몸과 정절을 바치고 거룩하게 살자는 서약을 한 경우입니다.

초대교회에는 이와 같은 묘한 현상이 있었습니다. 개인이 신앙의 양심으로 택한 길이지만, 이것은 전혀 합리적이지 않습니다. 왜 결혼을 하고 부부가 되어 한 집에 살면서도 딴 방을 쓰면서 그렇게 애를 먹고 삽니까? 부부가 한 방을 쓰지 않는 것을 아마도 하나님 앞에 큰 공로가 되는 것처럼 착각을 한 것 같습니다. 부부가 한 집에 살면서 시험에 빠지지 않게 해달라고 악을 쓰면서 밤새도록 기도했을 사람들의 모습은 상상만 해도 얼마나 우스운지요? 그러나 바울은 이것을 나쁘다, 좋다, 지적하지 않고 받아들였습니다. 빌립 또한 자기 딸을 정죄하지 않고 받아들였습니다. 그 이유는 딸들이 받은 은혜대로, 자신들이 생각한 대로 하나님을 기쁘게 할 수 있다는 확신이 있었기 때문입니다. 받은 은혜대로 하나님께 헌신하는 것을 다른 사람이 뭐라 할 수는 없습니다. 간섭해서도 안 됩니다.

그러나 받은 은혜가 아니라 결혼을 부정하게 보는 시각이라면, 또한 공로주의가 개입되었다면 근본적으로 잘못되었다는 것을 알아야 합니다. 우리는 빌립의 딸들을 비판할 수는 있지만, 그러나 그들이 처녀로 살았다고 해서 나무랄 수는 없습니다. 오히려 결혼해서 어떻게 하면 남편을 기쁘게 할까, 어떻게 하면 자녀들의 마음을 위로해 주고 기쁘게 할까 하는 생각으로 주님께 헌신하지 못하는 사람보다는 정절을 지키며 살았던 빌립의 딸들에게 주님께서는 훨씬 더 은혜를 주셨을 것입니다.

바울을 향한 예언

하나님의 말씀이 완전히 완성되기 전까지 초대교회에는 선지자라는 직분이 있었습니다. 고린도전서 14장과 에베소서 4장 12절을 보면 하나님께서 교회에 선지자와 사도를 주셨다고 했습니다. 본문 말씀에서도 아가보라고 하는 선지자가 등장합니다.

아가보는 누구인가요? 사도행전 11장을 보면 예루살렘에서 안디옥으로 넘어와 천하가 흉년 들리라고 예언했던 선지자였습니다. 이 아가보가 내려와서 바울에게 뭐라고 했습니까? "성령이 말씀하시되" 하고는 바울의 띠를 풀어서 자기 손발을 묶고는 바울이 예루살렘에 가면 이와 같이 결박당한다고 말했습니다.

선지자는 가끔 이와 같이 직접 행동으로 예언할 때가 있었습니다. 이사야가 옷과 신을 벗고 맨발에 반라 상태로 길을 걸어다니면서 얼마 동안 살지 않았습니까? 그것은 애굽 사람들이 장차 망해서 이와 같이 헐벗고 신발을 벗고 도망간다는 것을 가르쳐 주기 위한 것이었습니다. 예레미야도 비슷하게 예언을 했습니다. 유대의 교만을 꺾기 위해, 그리고 유대가 망한다는 것을 알려주기 위해 어떻게 했습니까? 자기가 매는 띠를 유브라데 강가에 숨겨 놓고는 며칠 후에 완전히 썩어 버린 그 띠를 찾아 가지고 유대 나라 백성들에게 보여 주었습니다. 그러면서 그들도 장차 교만이 꺾이고 이와 같이 망한다고 가르쳐 주었습니다. 또한 에스겔이 이스라엘의 죄를 짊어지고 소똥에 빵을 구워 먹으면서 390일을 누워 지낸 것도 백성들의 죄가 얼마나 큰지를 보여 준 것이었습니다. 아가보가 바울의 띠를 가지고 자기 수족을 묶어 보여 준 것도 바울이 예루살렘에 가서 장차 당하게 될 일을 예언한 것입니다.

"제자들을 찾아 거기서 이레를 머물더니 그 제자들이 성령의 감동으로 바울더러 예루살렘에 들어가지 말라 하더라"(21:4).

바울의 제자들은 바울에게 '성령의 감동'으로 예루살렘에 들어

가지 말라고 말했습니다. 제자들의 이 행동은 아가보와는 사뭇 다른 행동이었습니다. 아가보는 '성령이 말씀하시기를' 하며 예언을 하면서도 가라, 가지 말라는 말은 하지 않았습니다. 제자들과 아가보의 모습을 비교해 보며 꼭 기억해야 할 것이 있습니다. 성령께서 다른 사람을 통해 나에게 어떤 이야기를 할 수는 있지만, 참 성령의 음성은 사람의 뜻을 개입시키지 않는다는 것입니다.

많은 경우 하나님의 뜻, 성령의 뜻을 이야기한다고 하면서도 사람의 뜻이 많이 개입되어 있는 것을 봅니다. 바울이 예루살렘으로 올라가는 것은 하나님의 뜻이었고, 그것을 막은 것은 사람의 뜻이었습니다. 성령의 뜻은 참 어렵습니다. 성령의 뜻이 자신에게 순수하게 전달될 때와 불순하게 전달될 때를 잘 구별해야 하겠습니다.

"바울이 대답하되 여러분이 어찌하여 울어 내 마음을 상하게 하느냐 나는 주 예수의 이름을 위하여 결박당할 뿐 아니라 예루살렘에서 죽을 것도 각오하였노라 하니"(21:13).

마음 약한 제자들은 아가보의 예언을 듣고는 바울에게 더욱 예루살렘에 올라가지 말라고 권했습니다. 얼마나 권했는지 울기까지 했습니다. 그러나 제자들의 눈물 어린 만류에도 바울은 그 뜻을 굽히지 않았습니다. 그는 주 예수의 이름을 위해서는 어느 것도 아끼지 않고 헌신할 각오가 되어 있었습니다. 주님을 위해 죽을 것도 각오했습니다. 성령의 그 뜻을 알고 있었기 때문입니다.

아름다운 신앙의 승복

정에 끌려서 바울에게 예루살렘으로 가지 말라고 권했던 사람들은 자신들의 만류에도 불구하고 바울이 성령의 뜻은 예루살렘으로 가는 것이라고 끝까지 고집하자 결국은 승복했습니다.

"그가 권함을 받지 아니하므로 우리가 주의 뜻대로 이루어지이다 하고 그쳤노라"(21:14).

그리스도인들에게는 이와 같은 믿음의 자세가 있어야 합니다. 아무리 인정으로 보아도 마음에 허락이 안 되고, 여건으로 보아도 마음에 허락이 안 되다가도 "이것이 주의 뜻이구나" 하는 것을 발견하게 될 때 바울과 그의 주변에 있던 제자들처럼 "주의 뜻대로 이루어지이다" 말해야 합니다. 아름다운 승복, 신앙의 승복이 있어야 합니다.

하나님께서는 우리 모두에게 이와 같은 믿음의 자세를 원하십니다. 예수를 위해 목숨까지 바칠 각오, 또 오직 주의 뜻대로 이루어질 것을 바라는 차원 높은 믿음, 성숙한 믿음을 원하십니다. 자신만을 위한, 자신의 유익을 위한 믿음은 어린아이의 신앙입니다.

우리 자신의 신앙 상태는 어느 수준에 있는지 점검해 봅시다. 주님께서 우리에게 원하시는 신앙의 수준은 너무나 높습니다. 대한민국의 모든 그리스도인이 바울을 따라 예루살렘까지 죽음의 행진을 할 수 있는 믿음의 자세를 가질 수만 있다면 오늘날 교회는 세상의 비난을 받지 않을 것입니다. 우리는 바울을 따라가는 사람이요, 우리는 위대한 선배들을 따라가는 그리스도인입니다. 위대한 선배들이 남겨 놓은 이 아름다운 발자국을 지워 버리지 않도록 모두가 노력해야 합니다.

79 예루살렘에 입성하다

바울이 문안하고 하나님이 자기의 사역으로 말미암아 이방 가운데서 하신 일을 낱낱이 말하니 그들이 듣고 하나님께 영광을 돌리고…
_ 사도행전 21:19-20

예루살렘 교회의 영접

바울이 드디어 예루살렘에 도착했습니다. 주변의 사랑하는 제자들이 한사코 가지 말라고 말리는 그 길을 재촉해서 드디어 온 것입니다.

"예루살렘에 이르니 형제들이 우리를 기꺼이 영접하거늘 그 이튿날 바울이 우리와 함께 야고보에게로 들어가니 장로들도 다 있더라 바울이 문안하고 하나님이 자기의 사역으로 말미암아 이방 가운데서 하신 일을 낱낱이 말하니 그들이 듣고 하나님께 영광을 돌리고…"(21:17-20).

예루살렘에 도착한 바울이 교회 지도자들과 무엇을 했는지 짤막하게 몇 절로 요약되어 있는 이 말씀에서 우리는 세 가지를 눈여겨 보아야 합니다.

먼저 예루살렘에 이른 바울과 이방 교회의 지도자들은 예루살렘 교회 지도자들로부터 기꺼운 영접을 받았습니다. 바울이 예루살렘으로 그렇게 오려고 애썼던 이유 중에 하나는 예루살렘 교회와 이방 교회가 하나라는 것을 강조하기 위해서였습니다. 이방 교회 지도자들을 여러 명 데리고 온 것도 그 때문이었습니다. 바울은 구제금을 마련해 온 이방 교회 지도자들과 예루살렘 지도자들을 만나게 함으로 비록 율법에 대한 견해 차는 있어도 교회는 하나요, 주님의 몸 된 교회는 나뉠 수 없다는 것을 가르쳐 주고 싶었습니다. 결론적으로 예루살렘 교회 지도자들이 보여 준 기꺼운 영접과 그 모든 만남의 과정에서 바울은 교회가 하나라는 사실을 이방 교회 장로들에게 보여 줄 수 있었습니다.

둘째로, 바울이 당시 예루살렘에 지도자로 있던 예수님의 동생 야고보와 장로들을 만나 그동안 이방인들을 향해 하나님이 어떻게 일하셨는지에 대해 낱낱이 보고한 모습과, 셋째 그 보고를 듣고 난 뒤 모든 사람이 하나님께 영광을 돌린 모습입니다. 이 세 가지 모습, 즉 뜨거운 영접과 하나님이 그동안 어떻게 일하셨는가를 세밀하게 자기의 일처럼 듣고 또 말하며 서로 하나님의 은혜를 나누는 것, 그리고 그 결과 모두가 하나님께 영광과 찬양을 돌리는 이 세 가지는 참된 신자들이 모인 곳에서 볼 수 있는 은혜로운 모습입니다.

바울에 대한 거짓 소문

예루살렘에 있는 형제들이나 지도자들이 바울의 일행을 기꺼이 영접했다는 것은 당시 상황에서는 쉬운 일이 아니었습니다. 바울에 대한 오해가 예루살렘 교회 안에 파다하게 퍼져 있었기 때문입니다.

> "…형제여 그대도 보는 바에 유대인 중에 믿는 자 수만 명이 있으니 다 율법에 열성을 가진 자라 네가 이방에 있는 모든 유대인을 가르치되 모세를 배반하고 아들들에게 할례를 행하지 말고 또 관습을 지키지 말라 한다 함을 그들이 들었도다"(21:20-21).

20, 21절을 보면 예루살렘 지도자들이 바울을 얼마나 걱정했는지 그 마음을 읽을 수 있습니다. 유대인 중에 믿는 자 수만 명이 바울을 오해하고 있었습니다. 믿는 자가 수만 명이었다니 일단 너무나 대단합니다. 예루살렘 교회가 계속 확장된 것이 사실이고, 게다가 다른 나라로 이민 갔던 많은 수의 유대인들이 유월절을 맞아 예루살렘에 와 있었으므로 '수만 명'이라고 말한 것은 과장된 것이 아닙니다. 이들은 예수를 믿었지만 동시에 율법을 철저히 지키는 율법주의자들이었습니다. 이들이 바울을 오해한 내용도 율법과

관계된 것이었습니다. 그들은 바울이 이방에 나가서 전도할 때 유대인들도 할례를 받지 말아야 하고, 유대인들도 절대 율법을 지킬 필요가 없다고 선전한 것으로 오해하고 있었습니다. 바울을 헐뜯고 미워하는 사람들이 예루살렘에 와서 허위 선전을 했기 때문입니다.

그러나 사실 거짓 소문과는 상관 없이 유대인의 입장에서 볼 때 바울의 신학은 대단히 이해하기가 어려운 것이었습니다. 유대인들에게 익숙하고 맞는 신학은 예수를 믿고 구원을 받지만 그것과 함께 율법도 지켜야 한다는 것이었습니다. 그러므로 바울이 이방인 교회를 개척하면서 이방인들은 할례를 받지 않아도 되고, 율법을 지킬 의무가 없다고 하고, 구원받기 위한 조건으로 율법의 종이 될 필요가 없다고 가르치고, 또 그와 같은 복음을 예루살렘에 와서 전하니, 유대인들은 은근히 섭섭한 마음이 들었던 것이 사실입니다.

이와 같이 유대인 신자들이 섭섭한 마음을 품고 있던 차에, 거짓말을 하는 자들이 예루살렘에 와서 바울에 대한 거짓 소문을 퍼뜨리니 오해를 할 수밖에 없었습니다. 그러면 그들이 오해하고 있는 것이 사실이었습니까? 아닙니다. 사실이 아니었습니다. 바울은 유대인들에게 할례 받지 말고 율법을 지키지 않아도 된다는 말은 한마디도 한 적이 없습니다. 이방인들에게만 율법을 지키지 않아도 된다고 했습니다. 그것은 바울의 말이 아니었습니다. 예루살렘에 있는 사도들과 예루살렘 총회의 모든 장로들이 결정한 사항이었습니다. 본문 21장 25절을 보면 이방인에게는 우상의 제물, 피, 목매어 죽인 것, 음행 정도만 피하고 주의하라고 했지, 율법을 지키라고는 말하지 않았습니다. 바울이 절대 나쁜 일을 한 것이 아니요, 잘못 가르친 것이 아니었습니다.

"할례자로서 부르심을 받은 자가 있느냐 무할례자가 되지 말며 무할례자로 부르심을 받은 자가 있느냐 할례를 받지 말라"(고전 7:18).

바울은 유대인들에게 분명히 이야기했습니다. 할례를 받았으면 무할례자가 되지 말라고 말입니다. 할례 받은 것을 인정한 것입니다. 바울은 유대인들이 율법 지키는 것을 인정하고 있었습니다. 가끔은 바울 자신도 율법 의식을 행하기도 하지 않았습니까?

바울과 관련한 거짓 소문이 예루살렘의 많은 사람들에게 퍼져 있었기 때문에 바울이 예루살렘에 도착할 즈음에는 예루살렘 교회 안에서도 바울을 의심하는 사람들이 대단히 많았던 것 같습니다. 그래서 바울을 색안경을 끼고 보기 시작한 것입니다.

21세기 이 마지막 때에도 우는 사자와 같이 날뛰는 마귀는 어떻게 하든지 교회 안에 들어와 거짓말로 많은 성도들을 유혹하고 있습니다. 예루살렘 교회 안에 들어와서 바울에 대한 거짓 소문을 가지고 많은 성도들의 귀를 어둡게 했던 것처럼 오늘 교회 안에도 인간적인 견해로 다른 사람을 비판하게 하며, 다른 사람을 불신하게 하며, 다른 사람을 짓밟아버리게 하며, 성도와의 교제를 끊어버리게 하는 무서운 시험들이 너무나 많은 것을 봅니다.

하나님의 몸 된 교회를 이리저리 나누며, 쪼개어 버리는 인간적인 죄악을 주님 앞에 회개해야 합니다. 그리고 자신과 견해 차가 있는 사람이라도 기꺼이 포용하는 아량과 그리스도 안에서 하나된 형제라면 어떤 사람이라도 포용할 수 있는 바다와 같이 넓은 마음이 우리에게 있어야 하겠습니다. 또한 다른 사람의 말을 함부로 믿고 사람을 함부로 희생시키는 잔인한 사람들이 되지 않도록 날마다 자신을 견제하며 절제할 수 있는 은혜 주시기를 하나님께 기도해야 하겠습니다.

교회 지도자들의 태도

여기서 주목할 것은 예루살렘 교회 지도자들입니다. 역시 지도자들은 다릅니다. 바울을 기꺼이 영접한 예루살렘 교회 지도자들은 달랐습니다. 많은 사람이 바울에 대해서 이러쿵저러쿵 떠들었지만 거기에 전혀 귀를 기울이지 않고 바울을 신뢰했습니다. 아주 큰 마음을 가진 사람들입니다. 지도자의 자격을 갖춘 사람들이었다고 봅니다. 지도자는 소문에 함부로 마음이 움직여도 안 됩니다. 사람들이 수군거리는 말에 쉽게 넘어가서도 안 됩니다. 어떤 사람의 허물을 들었을 때 그것을 금방 믿어 버리고 그 사람을 색안경 끼고 보는 그런 좁은 소견을 가져서도 안 됩니다.

예수님의 동생 야고보 같은 사람의 경우 그 가난하고 찌든 생활 속에서 무슨 공부를 했겠습니까? 분명 무식한 사람이었을 것입니다. 그러나 하나님의 은혜를 받으니 그렇게 도량이 넓어져 모든 말을 분별할 수 있는 하늘의 지혜를 가지게 된 것을 볼 수 있습니다. 예루살렘 교회 야고보 장로와 70-80명 되는 동료 장로들은 한결같이 교인들의 인간적인 판단에 넘어가지 않았습니다. 이게 지도자들의 자격입니다. 이들은 분명히 바울과 같은 귀한 하나님의 종을 아끼는 사람들이었습니다. 하나님께서 바울을 어떠한 과정을 통해 택하셨는가를 너무나 잘 알고 있었기 때문에 많은 사람이 바울에 대해서 뭐라고 해도 바울을 신뢰했고 아꼈습니다. 오늘날 특별히 목사와 평신도 지도자들은 하나님의 은혜 안에서 바울과 야고보와 같이, 예루살렘 장로들과 같이 하나되어 조금이라도 이탈하지 않도록 서로 신뢰하고, 서로 은혜를 나누며, 서로 그리스도 안에서 성장할 수 있어야 하겠습니다.

바울과 야고보 두 사람 사이에는 상이점이 있었습니다. 둘 다 같은 할례자요, 같이 율법을 지키는 자였지만 바울은 이방에 가서 율법에서 자유한 사람으로서 율법에 매이지 않고 가르치고 전도하고 있었습니다. 그러나 야고보는 구원은 예수를 믿음으로만 받는다고 분명히 이야기했지만, 예루살렘 교회 장로였기 때문에 철저하게 할례를 받았고, 또 자기 자녀들에게도 할례를 주었고, 율법을 지켰고, 또 율법대로 살아야 된다고 가르친 사람임에 틀림이 없습니다. 바울과 야고보는 복음에는 하나가 되었지만 복음 아닌 세부적인 문제에 있어서는 상당히 거리가 있는 사람들이었습니다. 그럼에도 야고보가 바울을 얼마나 아꼈는지요. 그럼에도 불구하고 바울은 야고보를 또 얼마나 아꼈는지 모릅니다.

그렇습니다. 복음만 같으면, 복음만 하나 되면 약간의 견해 차가 있어도 하나가 될 수 있고, 기꺼이 영접하는 마음의 자세를 가질 수가 있습니다. 오늘날 교회 안에서도 마찬가지입니다.

◀》 예수를 믿고, 예수 때문에 구원을 받고, 예수님의 영광을 위해 산다고 하는 기본 복음의 노선에는 차이가 없다 하더라도 사소한

부분에 있어서는 약간의 견해 차가 있을 수 있습니다.
그러나 하나님의 진정한 자녀는 바울과 야고보가 하나
가 되고 바울과 예루살렘 장로들이 서로 기꺼이 영접
하고 서로 마음을 열고 받아들인 것처럼 하나가 될 수
있습니다. 복음만 같으면 하나가 될 수 있습니다. 교단
이 달라도 복음만 같으면 기꺼이 서로 영접할 수가 있습니다. 이것
이 하나님의 자녀들입니다.

그리스도인은 이런 점에서 마음이 좀 넓어야 합니다. 특히 평
신도 지도자로서 교회를 섬기는 모든 성도는 바울과 야고보처럼
그리고 예루살렘 장로들처럼 마음이 넓어야 합니다. 자신과 부분
적인 차이가 있다고 할지라도 항상 기꺼이 영접하고 포용할 수 있
는 마음을 가져야 합니다. 그리고 일단 복음에서 하나가 된 사람에
대해서는 신뢰할 줄도 알아야 합니다. 많은 사람들이 이런 말 저런
말로 떠드는 것을 쉽게 믿어서는 안 됩니다. 또한 사람 하나를 아
주 귀히 아낄 줄도 알아야 합니다.

"몸이 하나요 성령도 한 분이시니 이와 같이 너희가 부르심의 한 소
망 안에서 부르심을 받았느니라"(엡 4:4).

성령의 하나 되게 하심을 힘써 지킵시다. 하나님도 하나요, 예
수도 하나요, 성령도 하나요, 믿음도 하나요, 교회도 하나입니다.
인간이 서로 하나가 된다는 것은 쉬운 일이 아닙니다. 그러므로 힘
써 노력해야 합니다. 기도해야 합니다. 마음을 바다같이 넓게 해달
라고, 그래서 견해 차가 있는 형제라도 그리스도의 사랑으로 항상

포용할 수 있는 마음이 되게 해달라고, 이런 소문 저런 소문을 듣고 오해받고 있는 사람일지라도 그리스도의 사랑으로 포용하고 아낄 수 있는 바다같이 넓은 마음을 갖게 해달라고 기도해야 합니다. 그래야만 주님의 나라를 위해 지도자로 쓰임 받을 수 있고, 주의 몸 된 교회의 중요한 일을 맡아서 그리스도의 아름다운 도구가 될 수가 있습니다.

바울의 사역 보고

바울은 예루살렘에 와서 이방에서 사역한 일을 보고했습니다. 그의 보고에서 중요한 것은 바로 '하나님이 하신 일'입니다. 이 표현은 자신은 한 일이 아무것도 없다는 것을 말하는 것과 같았습니다. 자신은 단지 하나님이 쓰시는 도구로 사용되었을 뿐이라는 의미를 담고 있는 것입니다. 바울은 지금 이렇게 고백하고 있는 것입니다.

"이방에 가서 지금까지 많은 교회를 개척하고, 많은 환난을 당하고, 많은 고통을 당했지만 나는 오직 하나님의 손에 사용되는 도구였고, 실제로는 하나님께서 하셨습니다. 그러므로 예루살렘의 사랑하는 형제들이여, 하나님께서 이방에서 어떤 일을 하셨는가를 들으십시오."

바울의 이 자세는 진정 주의 종들이 취할 자세요, 주의 종들이 날마다 생각해야 할 마음의 자세입니다. 우리는 하나님의 손에 들려 쓰임 받는 지팡이 역할밖에 못하는 존재입니다. 그런 인간이 때때로 얼마나 자기가 한 일을 드러내고, 많은 사람에게 자랑하고, 많은 사람에게 인정받으려고 합니까? 하나님의 어떤 큰 역사가 일어나면 자신은 사실 도구에 불과함에도 마치 자신이 그 일을 한 것처럼 선전하기가 쉽고, 잘못하면 사람들에게 내세우기 쉽지 않습니까?

그러나 바울의 자세를 보십시오. 바울이 한 일에 비하면 우리는 도대체 그 사람의 신발 끈이라도 풀 만한 자격이 있습니까? 없습니다. 그런데도 바울은 "하나님이 나의 사역을 통해 하신 일을 낱낱이 고했다"고 자신은 한낱 도구에 불과하며 모든 것은 하나님께서 하셨다고 말했습니다. 참 은혜로운 이야기입니다.

목사를 위시해서 교회에서 수고하는 모두를 통해 하나님이 어떤 기적을 이루신다고 할지라도 형제들 앞에 나가서 그 일을 말할 때는 하나님이 하셨다고 말합시다. 그리고 우리는 주님의 뒤에 살짝 감추도록 합시다. "나는 도구입니다"라는 고백을 합시다. 하나님이 하신 것을 내세울 때 듣는 사람들이 은혜를 받습니다. 그리고 하나님을 내세워서 말할 때 비로소 그것이 자기 자랑이 되지 않습니다. 특히나 목회자들은 이러한 자세가 더욱 중요합니다. 같은 일을 어떻게 말하느냐에 따라 그 사람의 사상과 생각이 드러납니다. "하나님이 하셨지"라는 말은 듣는 사람에게 은혜로 다가옵니다. 우리도 배워야 합니다.

하나님께 영광을 돌리다

바울처럼 우리도 하나님이 우리를 통해 일하셨다고 말할 수 있도록 입을 크게 엽시다. "하나님이 일하셨다. 하나님이 일하신다"고 크게 말합시다.

"그들이 듣고 하나님께 영광을 돌리고…"(21:20).

바울과 예루살렘 교회 장로들처럼 은혜로운 자세를 가지고 받은 은혜를 함께 나누면 드디어 어떤 결과가 나타납니까? 하나님께 영광을 돌리게 됩니다. 이런 의미에서 하나님께만 영광 돌리고 우리가 받은 은혜를 나누는 것은 신앙생활에서 얼마나 중요한지 모릅니다. 예루살렘 교회 지도자들이 이방에서 일한 바울과 그 형제들이 보고한 그 말씀을 통해 하나님께 영광을 돌릴 수 있었던 것처럼, 또 이방에서 일하는 바울이 예루살렘 안에서 하나님이 일하시는 모든 사실을 눈으로 보고 들음으로써 바울과 그의 동료들이 힘을 얻고 하나님께 영광을 돌릴 수 있었던 것처럼 오늘날도 교회 안에서 신자들이 서로 은혜를 나누어야 합니다. 자신이 받은 은혜, 자신을 통해 하나님이 어떤 일을 하셨는가를 형제들과 나눌 때 말하는 자나 듣는 자가 모두 은혜 받고 비로소 하나님께 영광을 돌릴 수가 있습니다.

그러므로 혼자서는 건전한 신앙생활을 하지 못합니다. 그래서 함께 모여 하나님의 말씀을 공부하면서 서로가 받은 은혜를 내어놓고 나누는 성도들의 모임이 중요한 것입니다. 말씀을 공유하고 받은 은혜를 공유함으로써 함께 성장하기 때문입니다. 얼마나 귀한지 모릅니다. 교회는 그런 곳입니다. 교회는 이런 아름다운 성도의 교제와 은혜를 나누고 복을 함께 누리는 곳입니다. 하나님께 영광 돌리는 곳입니다. 얼마나 복된 자리로 우리가 초대 받았습니까? 그리스도 안에서 하나라는 것을 기억하며 서로 신뢰하면서 주님이 원하시는 분량까지 함께 자라가는 아름다운 교제가 교회 안에서 늘 이어지기를 바랍니다.

80 교회의 평화를 위해 고집을 꺾다

우리가 말하는 이대로 하라 서원한 네 사람이 우리에게 있으니
그들을 데리고 함께 결례를 행하고 그들을 위하여 비용을 내어 머리를 깎게 하라
그러면 모든 사람이 그대에 대하여 들은 것이 사실이 아니고
그대도 율법을 지켜 행하는 줄로 알 것이라

_ 사도행전 21:23-24

장로들의 권면

사도행전 21장에서는 바울에게서 의외의 모습을 볼 수 있습니다. 양보하고 타협하는 모습이 나옵니다. 예루살렘 장로들과 모든 지도자들은 바울을 진심으로 환영하고 바울을 통해 일하신 하나님께 영광과 찬양을 돌렸지만 그들 모두가 우려하는 것이 하나 있었습니다. 바울에 대한 깊은 오해가 예루살렘 성도들 안에 퍼져 있다는 사실이었습니다. 그래서 이 성도들이 바울이 온 것을 알게 되면 필연코 어떤 말이 나올 것이고, 그 말이 나중에는 문제를 야기하는

불씨가 되지 아니할까, 그래서 예루살렘 교회가 크게 시험 받게 되지 않을까 하는 우려가 있었습니다. 이러한 문제를 놓고 야고보를 위시해서 예루살렘 지도자들이 바울과 깊이 의논하는 장면이 나옵니다.

"그러면 어찌할꼬…"(21:22).

예루살렘 지도자들은 깊은 고민에 빠졌습니다. 그들 입장에서는 참 난처한 상황이었습니다. 바울 편을 들자니 교인들의 오해를 씻어 줄 길이 없고, 교인 편을 들자니 바울에게 큰 상처를 줄 것 같은 묘한 상태에 놓이게 되었습니다. 게다가 예루살렘 교인들은 대부분 율법주의자들이었기 때문에 예수를 믿으면서도 율법을 지키는 사람들이었습니다. 그러므로 누구든지 조금이라도 율법을 과소평가하는 말을 하면 참지 못하는 기질이 있었습니다. 그러므로 바울을 무조건 두둔한다는 것은 예루살렘 교회 지도자들에겐 참 난처한 것이었습니다.

이러지도, 저러지도 못하는 상황에서 그들은 바울과 같이 의논을 시작했습니다. 어떻게 하면 교회가 은혜 가운데 이 고비를 넘길 수 있을까, 어떻게 하면 바울도 무사히 예루살렘에서 일을 다 처리하고 돌아갈 수 있을까 하는 문제를 상의했습니다. 그리고 예루살렘 장로들은 안을 내놓았습니다.

신자들 가운데는 율법의 예를 좇아 서원을 하는 사람이 가끔 있었습니다. 예루살렘 교인들 가운데서도 특별히 병을 앓다가 나음을 입었다든지 아니면 죽음의 고비에서 구원을 받았다든지, 아니면 어떤 큰 손해를 볼 만한 위험에서 하나님의 은혜로 그 고비를 넘기면 하나님 앞에 자신이 받은 은혜를 보답하고 감사하기 위해서 특별히 서원하는 의식이 있었습니다. 구약의 나실인의 의식을 그대로 본받아서 하는 것이었습니다.

앞서 보았듯이 이 나실인의 서원을 하면 몇 가지 까다로운 문제가 따랐습니다. 적어도 30일 동안은 술과 고기를 먹지 말아야 하고, 처음 시작할 때 7일과 마지막 끝낼 때 7일은 머리를 깎아야 하고, 8일째는 번제와 화목제와 소제를 하나님 앞에 드려야 했습니다. 이 제사 드리는 데 드는 비용이 하나님 앞에 감사예물로 들어가는 것이었습니다. 그래서 가난한 사람들은 하나님께 감사를 표하고 싶어도 비용이 엄청나게 들기 때문에 잘 하지 못했습니다. 그래서 비용 문제로 어떤 사람은 서원을 해놓고도 실제 하지 못하고 날짜만 보내는 사람들이 있었습니다.

그런 이들의 딱한 사정을 들은 사람들 가운데 돈을 좀 가지고 있는 사람들이 대신 돈을 내 주는 사례가 왕왕 있었습니다. 그렇게 서원하는 사람을 위해 대신 비용을 지불해 주는 사람은 교회 안에서 대단한 존경과 칭찬을 받곤 했습니다. 교회 지도자들이 제안한 것이 바로 이것이었습니다. 바울에게 어려운 사람들을 위해 비용을 대는 역할을 해보라는 것이었습니다.

"서원을 하고 하나님 앞에 특별히 감사를 드리고 싶어하는 사람이 네 명이 있는데, 그들은 하나님 앞에 제사를 드릴 만한 여유가 없다. 그런데 마침 바울 당신이 왔으니 잘 된 것 아닌가? 당신이 비용을 대고, 당신도 그들과 함께 나실인의 서약을 하며 30일 동안 성전에서 율법을 지키면 예루살렘 교인들의 오해가 풀릴 것이다. 어려운 사람을 위해 비용을 대어 사람들에게 칭찬도 들을 수 있고, 당신이 실제로 나실인의 서약을 함으로써 당신이 율법을 무시한다고 하는 오해도 풀 수 있고, 이것도 좋고 저것도 좋지 않으냐."

사실 바울은 이 권면을 받아들이기 몹시 어려운 입장이었습니다. 이방 교회의 장로들과 함께 예루살렘에 와 있는 상태였기 때문입니다. 예루살렘 교회를 돕기 위해 구제금을 들고 온 이들은 유대인이 아니라 모두 이방인이었습니다. 이 이방인들은 율법과는 상관이 없는 사람들이었습니다. 바울은 이들에게 구원받기 위해 율법을 지킬 필요는 없으며 오직 예수를 믿음으로만 구원받는다고 가르치며 할례 또한 받을 필요도 없다고 가르쳤습니다.

그런데 그렇게 가르친 바울 자신이 나실인의 서약을 하고는 율법을 지키는 사람으로 머리를 깎고 며칠 동안 성전에서 지내면서 마치 율법의 종이 된 것처럼 행동하기란 어려운 일이었습니다. 때문에 바울은 상당히 고민했을 것입니다. 예루살렘 장로들의 충고대로 하느냐, 아니면 모든 것을 다 거절하고 빨리 돌아가느냐, 이런 문제 저런 문제로 고심했을 것입니다.

교회의 평화를 위해

바울은 교회 지도자들의 권면을 따르기로 했습니다.

"바울이 이 사람들을 데리고 이튿날 그들과 함께 결례를 행하고 성전에 들어가서 각 사람을 위하여 제사 드릴 때까지의 결례 기간이 만기된 것을 신고하니라"(21:26).

바울의 선택에서 배울 수 있는 중요한 것이 하나 있습니다. 바울은 왜 예루살렘 장로들의 권면을 받아들였을까요? 바울에게 그것은 분명히 자기의 어떤 주견을 꺾는 것이나 다름없는 것이었는데도 왜 듣고, 왜 양보하고, 왜 타협했을까요? 여러 가지 이유를 찾을 수 있겠지만 크게 두 가지로 정리할 수 있습니다.

하나는 예루살렘 교회의 평화를 위해 바울이 양보한 것입니다. 교회의 평화를 위해 가끔은 중대한 것을 양보하기도 해야 합니다. 바울이 나실인의 서약을 하고 머리를 깎고 성전에 들어가기로 했지만 그렇게 했다고 해서 예수님의 복음을 양보한 것은 아니었습니다. 예수 믿음으로 구원을 얻는다고 하는 자신의 믿음과 변하지 않는 복음을 양보한 것이 아닙니다. 복음은, 하나님의 진리는 절대로 양보할 수가 없는 것입니다. 그러나 교회의 평화를 위해 바울은 자신이 양보하는 것이 옳다고 생각했을 것입니다. 자신의 고집대로 행동했다가는 예루살렘 교회 안에 어려운 문제가 일어나고 장로들과 양 떼 사이에 상당히 골치 아픈 문제들이 생길 수 있기 때문에 차라리 나실인의 서약을 함으로써 예루살렘 교회가 평안하기를 바랐던 것입니다.

◀» 이것은 참 중요한 진리입니다. 한번 생각해 봅시다. 일이 중요합니까, 아니면 교회의 평화가 중요합니까? 물론 경우에 따라 다르겠지만 일반적으로 지역 교회를 놓고 일이 중요하냐, 교회의 평화

가 중요하냐를 따질 때는 교회의 평화가 더 중요합니다. 교회의 평화가 깨지면, 그래서 많은 양 떼가 서로에게 상처를 주고 상처를 받아 교회가 은혜 받을 수 있는 분위기가 완전히 깨지게 된다면 아무리 주님을 위한 사역이나 사업에 많이 투자하고 땀 흘리고 노력한다 할지라도 은혜 받을 수 없기 때문입니다.

그러므로 아무리 중요한 일이라 하더라도 그것 때문에 교회의 평화가 깨질 위험이 있을 때는 일단 멈춰야 합니다. 이 원칙에서 교회의 일을 다루어야 합니다. 그런데 많은 경우 교회가 너무 일에 욕심을 내다가 교회의 평화를 다 깨뜨리고 양 떼가 상처 입어 이리저리 뿔뿔이 흩어지는 일들을 자주 봅니다. 바울은 하나님의 몸 된 교회에 평화가 깨지는 것을 원치 않았습니다. 차라리 자기가 이방 장로들 앞에 약간 오해를 받을망정 예루살렘에 있는 수만 명의 양 떼가 어려움을 겪고, 교회가 시험에 빠지고, 교회 지도자들이 난처한 입장에 놓이게 되는 것을 원치 않았습니다. 교회의 평화를 위해 자신을 희생한 것입니다.

자신의 뜻이 잘 관철되지 않는다고 해서 끝까지 고집을 피우는 사람은 교회에서 일할 자격이 없습니다. 아무리 자신의 말이 옳다고 할지라도 교회 평화를 더 생각해야 합니다. 그러지 않고 자신의 계획을 관철시키기 위해 자꾸 교회 안에 여러 가지 어려움을 일으키면 그 사람에게 교회란, 자기를 위한 것이지 하나님을 위한 것이 아니라는 것을 알아야 합니다.

영혼 구원을 위해

또 하나 바울이 양보한 이유가 있습니다. 그것은 바울이 고린도전서 9장 중에 말씀한 그 원리에 따른 것이라고 봅니다.

"내가 모든 사람에게서 자유로우나 스스로 모든 사람에게 종이 된 것은 더 많은 사람을 얻고자 함이라 유대인들에게 내가 유대인과 같이 된 것은 유대인들을 얻고자 함이요 율법 아래에 있는 자들에게는 내가 율법 아래에 있지 아니하나 율법 아래에 있는 자같이 된 것은 율법 아래에 있는 자들을 얻고자 함이요 율법 없는 자에게는 내가 하나님께는 율법 없는 자가 아니요 도리어 그리스도의 율법 아래에 있는 자이나 율법 없는 자와 같이 된 것은 율법 없는 자들을 얻고자 함이라 약한 자들에게 내가 약한 자와 같이 된 것은 약한 자들을 얻고자 함이요 내가 여러 사람에게 여러 모습이 된 것은 아무쪼록 몇 사람이라도 구원하고자 함이니"(고전 9:19-22).

바울이 유대인들에게 유대인과 같이 된 것은 그들을 얻고자 함이었습니다. 이 '얻고자 한다'는 말은 '구원하기 위해'라는 것이 첫째 뜻이고, '실족하지 않도록 하기 위해'가 둘째 뜻입니다. 여기서는 구원하고자 한다는 말이 우선적으로 강합니다. 한 영혼이라도 구원하기 위해 양보할 수 있는 것은 다 양보한다는 말입니다. 바울은 유대인의 영혼을 구원하기 위해 스스로 유대인이 되었고, 율법을 지키는 자들의 영혼을 구원하기 위해 율법 아래에 있는 자 같이 되었습니다. 또한 율법 없는 이방인들의 구원을 위해 율법 없는 자와 같이 되었습니다. 그는 비록 하나님께 율법 없는 자가 아니었는데도 말입니다. 또 약한 자들에게는 약한 자같이 되었습니다.

"내가 복음을 위하여 모든 것을 행함은 복음에 참여하고자 함이라" (고전 9:23).

바울이 그 대상에 따라 여러 모양이 되었던 것은 아무쪼록 몇 사람이라도 더 구원하고자 함이었다는 것을 성경을 통해 우리는 알 수 있습니다. 그 깊은 바울의 중심을 우리는 느낄 수가 있습니다. 예루살렘에 있는 많은 유대인들이 예수 믿도록 하기 위한 뜨거운 마음에서 우러나온 행동이었습니다. 믿음을 포기하는 일이 아닌 이상, 또 하나님의 진리를 거스르지 않는 이상 한 영혼을 구원하기 위해서 필요한 일이라면 기꺼이 하는 것, 이것이 바울의 정신이었습니다.

오늘 우리에게는 바울과 같은 정신이 있습니까? 예수 믿는 사람들은 적극적인 자세를 가지고 희생해야 합니다. 우리가 희생하지 않아서 오늘 기독교가 문제를 안고 있는 것입니다. 한 사람의 영혼을 구원하는 데 필요한 희생이 무엇인지 뻔히 알고 있으면서도 지불하지 못하기 때문입니다. 양보하지 못하기 때문입니다. 희생하지 못하기 때문입니다. 우리 모두가 가책을 느껴야 합니다. 바울처럼 머리를 깎아야 될 때는 깎아야 합니다. 한 사람을 구원할 수만 있다면 머리 깎는 것은 문제가 되지 않습니다.

바울이 체포되다

교회 장로들과 바울의 노력에도 불구하고 결국 사건이 일어났습니다. 예루살렘 교인들이 아니라 아시아로부터 온 유대인들이 사건을 일으켰습니다. 이 사람들은 그리스도인들이 아니었습니다. 아시아에서 선교할 때 바울을 따라다니면서 핍박하고, 바울을 쫓아내고, 나중에는 바울을 돌로 쳐서 실신 상태에 빠뜨리기도 하고, 바울을 죽이려고 음모를 꾸민 사람들인데, 유월절을 지키기 위해 예루살렘에 왔다가 바울을 본 것 같습니다. 그들은 거짓말을 늘어놓기 시작했습니다.

"외치되 이스라엘 사람들아 도우라 이 사람은 각처에서 우리 백성과 율법과 이 곳을 비방하여 모든 사람을 가르치는 그 자인데 또 헬라인을 데리고 성전에 들어가서 이 거룩한 곳을 더럽혔다 하니" (21:28).

첫 번째 거짓말은 바울이 율법과 예루살렘 성전을 훼방했다는 것입니다. 그러나 바울은 율법을 훼방하지도, 예루살렘 성전을 훼방하지도 않았습니다. 또 유대 백성들을 훼방한 일도 없었습니다. 한마디로 새빨간 거짓말이었습니다.

두 번째 거짓말은 헬라인을 데리고 성전에 들어갔다는 것입니다. 여기서 말하는 '성전'은 이스라엘 사람들만 들어가는 이스라엘 뜰을 이야기합니다. 이방인은 절대 들어가지 못하는 곳이었습니다. 이방인의 경우 들어갔을 때 죽여도 된다고 로마법에서 허용할 정도였습니다. 이런 곳에 바울이 헬라인을 데리고 들어갔다고 거짓말을 했습니다.

그렇다면 바울이 실제로 들어갔습니까? 들어가지 않았습니다. 구제금을 가지고 함께 예루살렘에 온 에베소 사람 드로비모라는 사람이 이방인들이 들어가도 되는 뜰에서 바울과 같이 있었던 사실을 왜곡한 것입니다. 바울이 데리고 이스라엘 뜰로 들어갔다고 말입니다. 이방인들을 함부로 데리고 들어가서 예루살렘 성전을 더럽혔다는 소문에 이스라엘 사람들은 흥분했습니다. 삽시간에 소동이 일어났습니다. 바울이 최대 위기를 당하게 된 것입니다.

군중의 기질을 주의해야 합니다. 참말과 거짓말을 분별하지 못하는 것이 군중의 기질입니다. 그저 선동에 맹목적으로 흥분해 버리는 것이 군중의 기질입니다. 사탄은 이 군중의 기질을 이용할 때가 많습니다. 역사적으로 교회가 이러한 군중심리 때문에 얼마나 어려움을 당했습니까? 네로 황제의 로마 방화와 교회 핍박이 한 예입니다. 얼마나 많은 그리스도인들이 이와 같은 억울한 거짓말에 속은 군중 때문에 희생을 당했는지 모릅니다. 이 원수를 누가 갚아 줍니까? 하나님이 갚아 줍니다. 기독교 역사를 한번 보십시오. 마귀가 거짓말로 선동한 사람들이 기독교를 얼마나 잔인하게 짓밟고, 그것 때문에 얼마나 많은 그리스도인들이 피 흘리고, 억울하게 세상을 떠났는지 모릅니다. 그 억울함을 누가 갚아 줍니까? 재림하시는 주님이 갚아 주신다고 약속하셨습니다.

위기에서 건지신 하나님

바울이 죽을 위기에 처했을 때 하나님께서는 이미 그를 건져 줄 준비를 하고 계셨습니다. 하나님이 천부장을 보내 바울을 끌어 내 온 것입니다.

"바울이 층대에 이를 때에 무리의 폭행으로 말미암아 군사들에게 들려가니"(21:35).

얼마나 심각한 상황이었는지 보십시오. 바울이 층대에 이를 때에 사람들이 바울을 폭행하여 바울은 군사들에게 들려갔습니다. 아마도 어깨에 메고 나왔나 봅니다. 사람들이 바울을 죽일 것 같으니까 군인들이 어깨에 메고 나온 것입니다.

저는 사실 이해가 잘 안 됩니다. 왜 하나님께서 예루살렘에서 바울에게 이와 같은 어려운 상황을 당하게 하셨을까요? 바울의 고초는 여기서 끝이 아니라 사실 이제부터 시작입니다. 이렇게 붙들린 바울은 약 2년 동안 감옥살이를 하게 됩니다. 그 2년 동안 선교활동을 하지 못했습니다. 성경도 한 권 쓰지 않았습니다. 2년 동안 가이사랴 감옥에서 허송세월한 것 같은 느낌조차 받습니다. 왜 하나님이 그렇게 하셨을까요? 그 모든 과정이 로마에 보내기 위해서였다면 무엇 때문에 2년 동안 감옥에 넣어서 바울을 고생시키셔야 했을까요? 바울도 그 이유에 대해서는 설명하지 않았습니다. 그러나 이 모든 과정에 하나님의 깊은 어떤 뜻이 있었다는 것을 믿습니다.

하나님께서는 아마도 바울을 그 바쁘고 힘들고 쉴 틈이 없는 선교 현장에서 이끌어 내셔서 억지로 쉬게 만들어 놓으신 것 같습니다. 그 장소가 비록 가이사랴 감옥이었지만 무조건 갇혀서 꼼짝 못 하는 생활이 아니었습니다. 마음대로 출입할 수 있도록 자유가 허용되었고, 앞뒤로 로마 군인들의 호위를 받으며 안전하게 2년 동안 쉴 수 있었습니다. 아마도 앞으로 닥칠 로마에서의 싸움이 너무나 격렬한 것이기에 하나님께서 바울을 특별히 쉬게 해서 안식년을 준 것 같다는 생각이 듭니다. 이 해석이 맞는지 안 맞는지 모르겠습니다. 그러나 이 생각 외에는 무엇 때문에 하나님이 그렇게 하셨는지 이해를 못 하겠다는 게 솔직한 고백입니다.

바울이 체포되어 긴 세월 옥고를 치른 것과 같이 가끔 우리에게도 이해하지 못할 일들이 일어납니다. 그러나 그것마저도 하나님께서 선하신 뜻을 가지고 인도해 주신 것이라는 것을 믿어야 하겠습니다.

사도행전 22장

81 부형들아 들으라

그가 또 이르되 우리 조상들의 하나님이 너를 택하여 너로 하여금 자기 뜻을
알게 하시며 그 의인을 보게 하시고 그 입에서 나오는 음성을 듣게 하셨으니
네가 그를 위하여 모든 사람 앞에서 네가 보고 들은 것에 증인이 되리라
이제는 왜 주저하느냐 일어나 주의 이름을 불러 세례를 받고 너의 죄를 씻으라 하더라
_ 사도행전 22:14-16

사슬에 매였으나 하늘의 권세로

사도행전 22장의 말씀을 읽으면서 사도 바울이 지금 어떤 상황에 처해 있는가를 눈을 감고 상상해 봅시다. 이를 갈며 포악한 난동을 부리던 유대인들에게 이리 뜯기고 저리 뜯겨서 살아남지 못할 것 같은 위기에서 겨우 건짐을 받았지 않습니까? 그래서 백부장들이 자기 군사를 동원해서 바울을 구해 나오는 장면입니다. 그런데 바울이 천부장에게 요구를 했습니다. 사람들에게 전할 말이 있다는 것입니다.

쇠사슬에 매인 바울의 모습, 갈기갈기 찢긴 옷, 피멍이 든 얼굴, 헝클어진 머리를 한 채 층대 위에 서 있는 바울의 모습이 떠오릅니다. 표독스러운 눈으로 바울을 노려보고 있는 많은 사람들도 눈에 선하게 보이는 듯합니다. 바울이 드디어 그 청중을 향해 입술을 뗍니다. 그것도 태연자약하게 말입니다. 바울에게는 청중을 압도하는 위력이 있었습니다. 하나님이 그에게 함께하시는 데서 나오는 권세가 있었습니다.

성령 충만한 바울은 말하지 아니하고는 못 견딜 마음의 어떤 충동이 있었습니다. 바울은 이유야 어떻든 자연적으로 모인 이 예루살렘 사람들에게 한마디라도 증거하자, 이 기회를 놓치지 말고 한 사람이라고 구원하고자 하는 뜨거운 열정으로 층대 위에 섰습니다. 위대한 전도자, 위대한 사도의 모습입니다. 바울의 그 열정과 그 뜨거운 마음을 생각하면 우리는 성경을 읽을 자격조차 없다는 생각이 듭니다. 바울은 그렇게 찢긴 자신의 모습을 절대 부끄러워하지 않았습니다. 디모데후서 1장 8절 말씀처럼 주를 위하여 갇힌 자신을 부끄러워하지 않았습니다. 그러므로 바울은 사슬에 매인 자신을 부끄러워하지 아니하고 부지런히 찾아온 오네시보로를 칭찬했습니다. 바울은 그런 사람이었습니다. 외모는 어떻든지, 세상 사람들이 자기를 보고 무엇이라고 하든지 사람의 말을 듣기보다는 하나님의 말씀 듣기를 원하는 사람이었습니다. 이것이 바울의 자세였습니다.

층대에 서서 성난 군중을 바라보고 있는 바울의 모습에서는 마치 순교 직전의 스데반의 모습처럼 어딘지 모르게 다른 사람들이 범접할 수 없는 거룩함과 하나님의 영광이 있었을 것입니다. 예수를 믿는 우리 또한 바울의 이 영광과 권세를 회복해야 합니다. 집은 찌그러져 가도 예수 그리스도의 영광이 우리에게 있고, 누추한 옷을 입고 있다 해도 예수를 이야기하는 우리 모습에서 다른 사람들을 압도할 수 있는 권위와 권세와 능력이 나타나야 합니다.

바울의 간증

바울이 드디어 메시지를 전하기 시작했습니다. 간증으로 그 문을 열었습니다. 자기가 어떻게 예수 그리스도를 만나게 되었는가를 간증했습니다. 간증은 바울이 상당히 많이 사용한 메시지 전달 방법이었습니다. 이러한 패턴으로 메시지를 전한 경우가 사도행전 22장과 26장에 기록되어 있습니다. 바울이 메시지를 전할 때 간증을 먼저 들고 나왔던 이유는 무엇일까요?

간증에는 이점이 참 많습니다. 간증은 전하는 자가 강한 확신으로 표명하는 것이기 때문에 듣는 이 역시 확신을 가질 수 있도록 하는 데 상당히 큰 작용을 합니다. 그러므로 '내가 예수를 믿습니다', '내가 예수를 보았습니다', '나는 예수를 나의 구원자로 확신합니다', '나는 예수 믿기 전에 이런 사람이었습니다' 하고 자신 있게 말할 수 없는 사람은 간증을 할 수 없습니다. 주어인 '나'가 빠져 버리면 간증이 안 되기 때문입니다.

이와 같이 자기 확신을 사실적으로 전달하는 간증은 자연히 상대방의 마음을 쉽게 사로잡는 이점이 있습니다. 뿐만 아니라 상대방이 쉽게 들을 수 있습니다. 일단 당사자에게서 소화된 것을 이야기로 듣기 때문에 들을 때 부담이 없습니다. 그래서 바울은 중요한 기회마다 간증을 사용한 것으로 보입니다. 그는 예루살렘 군중 앞에서도, 이후 아그립바 왕 앞에 설 때도, 재판받을 때도 간증을 했습니다. 아마도 사도행전에 일일이 다 기록되어 있지는 않지만 바울은 이방 선교를 할 때마다 필요한 경우 간증을 잘 들고 나왔을 것이라 생각합니다. 사도행전을 기록한 누가는 바울을 일생 동안 따라다니며 그의 간증을 수십 번도 넘게 들었을지도 모릅니다.

바울이 간증을 보면 경우에 따라 스타일을 약간씩 바꾸는 것을 볼 수 있습니다. 22장과 26장을 비교해 보면 좀 다른 면이 있습니다. 상황에 따라서 간증의 길이를 줄이기도 하고 늘리기도 하고, 상황에 따라서 간증의 어떤 부분은 생략하기도 하고 또 보완하기도 했습니다. 그때 그때 성령께서 인도하시는 대로 간증을 잘 활용했습니다.

22장에서는 자신이 예수를 만나기 전에 어떤 사람이었는가에 대해 말하며 유대인 중의 유대인이라고 표현했습니다. 열심히 예수 믿는 사람을 핍박하던 사람이라고 했습니다. 개종 전 자신의 모습을 이렇게 이야기한 다음에 드디어 다메섹 도상에서 예수님을 어떻게 만나게 되었는가를 이야기하고, 그러고 나서는 그가 다메섹으로 가서 아나니아를 통해 무슨 말을 들었는가를 이야기했습니다. 그다음에 아라비아로 갔다가 아라비아에 가서 3년 동안 주님과 깊은 교제를 나누고 계시를 받은 다음에 3년 후 돌아와서 예루살렘에 잠깐 들렀을 때에 그가 비몽사몽 간에 보았던 환상을 이야기했습니다.

이 환상에 대한 이야기로 간증은 중단되고 말았습니다. 환상

중에 주님이 나타나셔서 이방으로 자신을 보내셨다는 말을 하자 그 말에 화가 치민 군중이 소동을 일으켰기 때문입니다. 옷을 벗어 던지고, 티끌을 날렸습니다. 간증이 그대로 진행되었더라면 복음 제시까지 이어졌을 텐데 중간에 소란이 일어나는 바람에 복음 제시를 하지 못했습니다. 이것이 22장에 나타난 바울의 간증 스타일입니다.

26장의 간증을 보면 개종 전에 자기가 어떤 사람이었는지를 이야기하고 나서 개종 사건을 이야기합니다. 그러나 22장에서 본 간증과는 달리 다메섹에 들어가 아나니아를 통해 들은 이야기는 전부 생략했습니다. 그리고 예루살렘에 갔던 이야기도 생략했습니다. 대신 어떻게 주님께서 자기를 이방에 보내어 자신이 지금까지 전도했는지, 왜 자신이 유대인들에게 이와 같이 미움을 받고 핍박받는지 그 이유를 마지막으로 증거하고 간증이 끝납니다.

간증이 있는가

바울의 간증을 보면서 한번 자문해 보았으면 합니다. 우리도 바울처럼 항상 간증이 준비되어 있습니까?

"너희 마음에 그리스도를 주로 삼아 거룩하게 하고 너희 속에 있는 소망에 관한 이유를 묻는 자에게는 대답할 것을 항상 준비하되 온유와 두려움으로 하고"(벧전 3:15).

예수를 믿지 않는 사람들, 예수를 믿는 사람들을 핍박하는 사람들이 와서 우리의 소망에 대해 질문한다면 항상 온유한 마음과 겸손한 마음으로 대답할 수 있도록 늘 준비해 두라고 성경은 당부하고 있습니다. 그리스도를 다른 사람에게 쉽게 전하기 위해서 간증이라는 도구를 항상 준비하고 있습니까?

일반적으로 바울처럼 극적으로 예수를 믿게 된 사람들은 간증을 좋아합니다. 할 이야기가 있기 때문입니다. 그런 사람들은 늘 간증이 준비되어 있고, 안 믿는 사람을 만나든지, 친구를 만나면 쉽게 간증이 터져 나옵니다. 반면 간증하기 어려운 사람이 있습니다. 어릴 때부터 예수를 잘 믿어서 언제 믿었는지 알 수가 없는 경우가 그렇습니다. 예수님을 영접했다고 말할 수 있는 특별한 순간이 없습니다. 이것은 어느 면에서는 비극이라고 생각합니다. 그래서 만약에 내가 간증을 한다면 무엇을 간증할까를 늘 생각했습니다. 믿지 않는 사람이 내 간증을 듣기를 원한다면 나는 어떤 식으로 간증할까 고심했습니다. 나는 바울처럼 다메섹의 체험도 없고, 다메섹 이전에 믿는 사람을 핍박한 경력도 없습니다.

그러나 할 이야기는 분명 있습니다. 예수 믿는 집안에서 태어났고 자랐다는 그것을 간증하고 싶지는 않습니다. 저는 예수 믿는 집안에 태어났다는 사실 때문에 제가 예수를 믿게 되었다고 생각하지 않습니다. 제가 이야기하고 싶은 것은 어떤 계기로 예수님이 저의 구주라는 것을 분명히 확신하게 되고 마음으로 뜨겁게 감격하고 주님 앞에 저를 헌신할 수 있었는가에 대한 것입니다. 그리고 그 확신을 갖게 된 이전과 이후의 관계를 이야기해야겠다 생각했습니다. 여기에 덧붙여 예수님이 지난 세월 동안 주님을 영접한 후

제 마음속 깊은 곳에서 어떻게 주님이 저와 함께 동행하셨으며 저를 인도해 주셨는가, 그분의 위치가 얼마나 저에게 중요한가를 말하고 싶습니다. 또한 그 예수님 때문에 갖게 된 놀라운 하늘의 소망, 영생의 기쁨, 하나님 아버지가 저의 아버지인 것을 믿을 때마다 항상 마음 든든한 제 심정을 이야기할 수 있습니다.

자신만의 간증을 하나 하나 구체화하기를 바랍니다. 그래서 큰 사건이 아닌 것 같지만 진실하게 그리고 논리적으로 정리해서 간단하게 제시하면 듣는 사람에게 하나님의 감화가 따라올 수가 있을 것입니다. 바울처럼 한 사람이라도 구원하기를 원하는 뜨거운 열정이 있습니까? 그들에게 복음을 전할 수 있는 좋은 도구인 간증을 항상 준비해 다닙시다. 바울처럼 쇠사슬에 매인 순간이라도 말할 수 있도록 말입니다.

🔊 그런데 반드시 한 가지 알아 두어야 할 부분이 있습니다. 간증은 복음을 제시할 때 좋은 방법 중에 하나지만 간증이 곧 복음은 아니라는 것입니다. 다시 말해 간증 그 자체는 복음이 아닙니다. 간증은 어디까지나 예수 그리스도의 복음을 전해 주기 위한 하나의 서론에 불과합니다. 전도를 받는 이가 방어하는 마음을 좀 풀고 관심을 기울이도록 하기 위한 하나의 방법일 뿐입니다. 그러므로 간증만 잔뜩 이야기해 놓고 복음을 제대로 제시하지 않고 끝나 버리면 그것은 전도가 아닙니다. 결국 사람의 마음을 사로잡는 것은 십자가의 능력이요, 하나님 앞에 무릎 꿇게 하는 것은 나사렛 예수 그리스도의 이름뿐입니다.

그분이 우리를 위하여 죽으심과 그분이 우리를 위해 다시 살아나셨다는 복음만이 듣는 사람의 마음을 사로잡는 능력이 있고, 어두움을 쫓아내는 능력이 있습니다. 간증은 예수 그리스도를 모셔다가 상대의 마음에 소개해 주는 보조적인 역할을 하는 도구입니다. 간증 그 자체가 사람을 변화시키지는 않습니다.

의미 없는 고난을 피하다

바울이 간증을 하다가 말을 끝맺지 못하고 결국 중단하고 말았습니다. 상황이 그렇게 돌아가자 더 이상은 내버려 두어서는 안 되겠다 싶은 천부장이 바울을 군대 막사 안으로 데려갔습니다. 천부장과 군사들은 히브리어를 전혀 알아듣지 못했기 때문에 도대체 바울이 무슨 죄를 얼마나 범해서 온 성 안이 소동을 했는지 알지 못했습니다. 그래서 바울을 고문해 그것을 알아내려는 계획을 세웠습니다.

그들은 바울을 가죽 줄로 맸습니다. 가죽 줄로 맨다는 것은 예수님께서 십자가에 달리시기 직전에 당했던 채찍질을 의미합니다. 이것은 무서운 형벌이었습니다. 이 형벌을 받은 대부분의 사람은 죽거나 미쳐 버릴 정도였다고 합니다. 그러나 로마 사람에게는 절대로 이 형벌을 가하지 않았습니다. 왜냐하면 인간을 개로 취급하는 것이나 다름없었기 때문입니다. 로마 시민권을 가진 사람은 아무리 중벌을 범했다 할지라도 이 형벌은 가하지 않았다고 합니다.

"가죽 줄로 바울을 매니 바울이 곁에 서 있는 백부장더러 이르되 너희가 로마 시민 된 자를 죄도 정하지 아니하고 채찍질할 수 있느냐 하니"(22:25).

바울도 이 형벌이 무엇인지를 알았습니다. 그래서 어떻게 대처했습니까? 자신이 로마 시민이라 밝히고 법적인 절차를 따져 물었습니다. 로마 시민이라는 말을 듣고 놀란 천부장은 바울을 풀어주고 채찍으로 때릴 계획을 취소했습니다. 이 사건을 놓고 이 장면에서 바울이 실패했다고 보는 견해가 있습니다. 바울이 형벌을 피하기 위해 로마 시민권을 이용하는 아주 비겁한 행동을 했다는 것입니다.

그러나 저는 그렇게 보지 않습니다. 왜냐하면 쓸데없는 고문은 당할 필요가 없기 때문입니다. 바울을 비판하는 사람은 이 대목에서 다음과 같은 질문할 것입니다. "그러면 왜 바울이 빌립보 감옥에 갇혔을 때는 실라와 함께 그렇게 두들겨 맞았느냐, 왜 그때는 시민권이 있다고 하지 않았느냐, 그때는 그렇게 대범하게 매를 맞으면서 모든 것을 참았는데, 왜 여기서는 그렇게 비겁하게 행동했느냐"고 말입니다. 이 비판은 바르지 않습니다. 분명히 빌립보 감옥에서는 바울이 시민권을 내놓지 않은 어떤 이유가 있었습니다. 그리고 성령께서 분명히 그를 인도하셨다고 봅니다. 빌립보 감옥에서 바울이 매를 맞았기 때문에 간수 집안이 구원받아 그들이 빌립보 교회의 개척 멤버가 되었습니다. 하나님의 뜻이 있었습니다.

바울은 아마도 채찍을 맞을 필요가 없다고 생각한 것 같습니다. 장차 로마에 가서 로마의 황제 앞에 복음을 전해야 되는데, 하나님께서 분명히 이 소명을 자신에게 주셨는데 로마에 가기도 전에 매를 맞다가 희생과 어려움을 당하면 그것은 지혜로운 방법이 아니라고 생각했을 것입니다. 게다가 예루살렘의 고문은 빌립보 감옥에서 매 맞는 것과는 상대가 안 되는 고문이었습니다. 저는 하나님께서 바울에게 시민권을 가지고 그 고문을 피하도록 하셨다고 봅니다.

예수 믿는 사람은 십자가를 짊어져야 하고, 복음을 위해 어떤 때는 고통도 당해야 되고 고난도 받지만, 의미 없는 고난과 십자가는 질 필요가 없다고 봅니다. 피할 수 있는 일은 피하고, 안 맞아도 되는 매는 안 맞는 게 맞습니다. 하나님의 종들, 또 주님의 자녀들에게는 하나님의 이와 같은 역사가 순간순간마다 정확하게 마음속에 보인다고 생각합니다. 그러므로 바울이 고문을 피했다고 해서 비겁한 것도 아니요, 이 고문을 피했다고 그가 실패한 것도 아닙니다. 그는 떳떳하게 한 것입니다.

사도행전 24장

82 벨릭스 총독 앞에 서다

**우리가 보니 이 사람은 전염병 같은 자라
천하에 흩어진 유대인을 다 소요하게 하는 자요 나사렛 이단의 우두머리라**
_ 사도행전 24:5

복음을 증거하는 자리

사도행전 23장과 24장에서는 바울이 산헤드린 공회와 로마 총독 벨릭스 앞에서 재판 받는 장면을 보게 됩니다. 이 두 재판은 모두 결과 없이 끝납니다. 산헤드린에서 벌어진 유대인 지도자들의 재판도, 가이사랴로 호송되어 로마 총독 앞에서 받은 재판도 시간만 끌었을 뿐 결과가 없습니다.

"주께서 이르시되 가라 이 사람은 내 이름을 이방인과 임금들과 이스라엘 자손들에게 전하기 위하여 택한 나의 그릇이라 그가 내 이름을 위하여 얼마나 고난을 받아야 할 것을 내가 그에게 보이리라 하시니"(9:15-16).

바울이 재판 받는 모습에서 사도행전 9장 말씀이 떠오릅니다. 예수님께서 아나니아에게 나타나셔서 바울을 찾아가라고 하시며 중요한 말씀을 하셨습니다. 바울은 예수 그리스도의 이름을 위하여 첫째는 이방인, 둘째는 임금들, 셋째는 이스라엘 자손에게 복음을 증거하게 될 사람이라는 것입니다. 또한 복음을 위해 서되 평안하게 서지 못한다는 것과, 해를 많이 받는 가운데 그리스도를 증거하리라는 것을 예언적으로 말씀하셨습니다.

바울은 예수님의 말씀대로 여러 해 동안 이방인들 앞에서 복음을 증거했습니다. 1차 선교 여행, 2차 선교 여행, 3차 선교 여행을 통해 계속 하나님의 말씀을 이방인들 앞에서 전했습니다. 동시에 바울은 이스라엘 백성 앞에서도 전했습니다. 그렇다면 이제 누가 남았습니까? 바로 '임금들'입니다. 사도행전 23장부터 나타나는 일련의 사건들은 바울이 임금들 앞에 서기 위한 하나의 작업이었다고 볼 수 있습니다.

산헤드린 공회에서 재판받은 것은 유대 나라의 정치적인 임금들 앞에 선 것이나 다름이 없었습니다. 공회원이었던 대제사장들과 장로들은 최고의 권력자들이었기 때문입니다. 바울은 이 산헤드린 공회의 재판 이후 유대 임금들뿐만 아니라 로마 황제가 임명해서 팔레스타인 지역을 총괄토록 한 총독 앞에서도, 더 나아가 로마 황제 가이사랴 앞에서도 하나님의 말씀을 증거하게 됩니다. 세상의 임금들이 보기에는 죄인을 재판하는 자리였지만 하나님의 사람 바울에게는 임금들에게 복음을 증거하는 자리였던 것입니다.

23장의 공회는 산헤드린 공회를 말합니다. 산헤드린 공회는 유대 나라의 의결기관으로 최고 권한을 가진 기관이었습니다. 공회의 회장은 대제사장이 되었고, 공회원의 회원 수는 70인이었습니다. 공회원은 바리새파에서 나온 사람들, 사두개파에서 나온 사람들로 구성되었고, 거기에 백성들의 대표인 장로들이 포함되어 있었습니다. 한마디로 산헤드린 공회는 유대 나라의 중요한 세 그룹의 대표들로 이루어져 유대 나라 전체의 중요한 문제들을 의결하고 또 그들의 통치자인 로마 황제로부터 오는 명령을 이스라엘 백성에게 전달하는 역할도 하면서 이스라엘 백성의 영육의 모든 문제를 관장하는 아주 막강한 권력을 가진 기관이었습니다.

산헤드린 공회 앞에 제일 처음 선 사람은 예수님이었습니다. 예수님은 산헤드린 공회 앞에 서서 밤새도록 불법 재판을 받다가 날이 샌 다음에 빌라도에게 넘겨졌고, 아무 죄도 정해진바 없이 처형되셨습니다. 예수님의 뒤를 이은 사람은 스데반입니다. 예수님이 섰던 그 자리에 스데반이 예수님의 이름 때문에 서게 됩니다. 스데반 역시 재판다운 재판을 받지 못한 채 그야말로 폭도들에게 끌려가서 죽음을 당했습니다. 그다음에 공회 앞에 선 인물은 베드로와 요한입니다. 그런데 이상하게도 하나님께서는 베드로와 요한은 살려 내셨습니다. 사형을 앞둔 전날 밤 천사를 보내서 그 무서운 감옥에서 끌어 내셨습니다. 베드로와 요한에게 특별히 할 일이 남아 있었기 때문에 하나님께서 데리고 가시지 않기로 작정하신 것이 틀림이 없습니다. 베드로와 요한 이후 이제 바울이 산헤드린 공회에 서게 되었습니다.

그들에게 없는 것

여기서 한 가지 의문이 생깁니다. 왜 하나님께서는 그렇게 지체 높은 사람들에게 복음을 주실 때 그들과 맞먹는 사람이나 그들이 감히 내려다보지 못할 사람들을 보내지 않으셨을까 하는 것입니다. 왜 하필이면 하나님은 죄수의 신분을 가지고 선 사람을 통해 복음을 전하게 하셨을까요? 예수님도, 스데반도, 베드로와 요한도, 바울도 죄수의 신분으로 서게 된 데는 분명 하나님의 깊은 뜻이 있었을 것입니다. 모두 죄수의 모습으로 그 높은 사람들 앞에 서게 만드시고 그 입을 통해 예수 그리스도를 이야기하게 하신 하나님의 뜻을 어떻게 이해해야 할까요?

하나님께서는 높은 곳에 있는 사람일수록 낮은 사람을 들어 전도하게 하십니다. 사실 재판석에 앉아서 재판하는 사람에게 죄수의 몰골이란 참으로 천하기 이를 데 없지 않습니까? 자신의 명령에 따라 생사가 갈리는 초라한 목숨으로 보일 뿐입니다. 거드름을 피우며 재판하는 사람 앞에 죄인의 존재가 뭐가 그렇게 대단하겠습니까?

열매가 어떠했는지는 알 수 없습니다. 바울이 전한 증거에 산헤드린 공회원 중 한 사람이라도 예수 믿고 돌아왔다는 기록이 없습니다. 벨릭스 총독 앞에서도 예수 그리스도를 증거했지만 총독이 회개했다는 증거는 없습니다. 우리가 보기에는 아무런 열매가 없는데도 왜 하나님이 그렇게 하셨을까요? 그것은 모릅니다. 최후의 심판 날에나 알 수 있지 않겠습니까?

천한 자들을 들어 높은 자들을 부끄럽게 하시는 하나님의 그 지혜에 머리를 숙이지 않을 수가 없습니다. 모든 것을 다 가졌다고 생각하는 세상의 높은 사람들은 때때로 아주 비천한 사람들을 보며 깜짝 놀라게 됩니다. 자기들이 지위나 돈으로도 사지 못하는 것을 그 천한 사람이 갖고 있는 것을 보기 때문입니다. 아름다운 사람을 데리고, 좋은 집에서 살며, 먹고 싶은 것 다 즐기며 살아도 자신이 누리지 못하는 것을 쇠사슬을 차고 있는 천한 사람이 누리고 있는 것을 봅니다. 그것은 한마디로 충격입니다.

벨릭스 총독도 바울에게서 그것을 보았을 것입니다. 네로 황제 또한 짐승에게 찢기어 죽는 많은 그리스도인들에게서 그것을 보았을 것입니다. 또한 그것이 얼마나 무서운 능력인지도 알았습니다. 바울을 앞에 놓고 재판하던 산헤드린 공회원들은 그래서 질릴 수밖에 없었던 것입니다. 1세기 때 그 비참한 노예생활을 하던 사람들이 상류계급의 귀족들을 감동시킬 수 있었던 것은 그들 내면에 있는 행복, 기쁨, 만족, 감사, 평안이었습니다. 예수 이름이 주는 값진 선물을 가지고 있었던 것입니다.

천한 자일수록 높은 자의 마음을 더 사로잡을 수 있는 능력이 있습니다. 하나님께서는 그것을 사용하셨습니다. 그러므로 한 가지 알아둡시다. 생활 형편이 좋지 않거나 스스로 자격이 없다고 생각하여 항상 기가 죽어 있다든지 입을 열지 않는다면 그것은 성경을 잘 모르는 사람의 이야기입니다. 실패자일수록 예수를 증거할 수 있는 능력이 더 있습니다. 왜입니까? 성공한 사람이 가지고 있지 못한 것을 가지고 있기 때문입니다. 때문에 오히려 성공한 사람들이 그 마음을 통해 쉴 수가 있습니다. 가난한 사람이 가난함 속에서도 부자들이 누리지 못하는 행복을 누릴 수 있다면 가난한 사람들은 부자들을 꺾을 수 있는 능력이 있습니다. 이것을 알아야 합니다.

바울의 담대함

바울은 왜 하나님께서 천한 죄수의 신분으로 임금들 앞에 자신을 서게 하시고 예수 그리스도의 복음을 증거하게 하시는지 알고 있었습니다. 바울은 그래서 담대했습니다. 산헤드린 공회의 그 지체 높은 사람들을 향해 "형제들아" 하고 부를 정도였습니다. 격식을 갖추고 제대로 부르면 베드로와 요한이 했던 것처럼 "백성의 관원들과 장로들아"라고 했어야 됩니다. 아마도 재판석에 앉아 있는 사람들은 굉장히 놀랐을 것입니다. 이렇게 부른 것은 "너나 나나 뭐 다른 게 있느냐. 내가 쇠사슬을 찼다는 것뿐이지 너희하고 나하고 하나님 앞에 다른 것이 뭐가 있느냐? 형제들아 내 말을 들으라"는 의미였기 때문입니다.

바울의 담대함은 여기서 멈추지 않았습니다. 나중에는 공회원들 사이에 싸움을 붙여 놓았습니다. 지능적으로 70명이 두 갈래로 나뉘게 한 뒤 서로 물고뜯게 만들어 놓았습니다. 얼마나 격론이 심했던지 바울을 가운데 놓고 한쪽에서는 바울을 변호하려고 달려들고, 다른 한쪽은 잡아뜯으려고 달려들었습니다. 바울이 나중에는 찢겨 죽을 입장이 될 정도가 되어 버렸습니다. 그런 상황이 되다 보니 군인들이 바울을 끌어냈습니다. 결국 산헤드린 공회에서는 바울 자신이 재판을 주도한 결과가 되고 말았습니다.

바울의 담대함은 성령 충만으로서 가능했습니다. 사도행전을 보면 성령 충만한 사람에게 담대하다는 말을 많이 쓰고 있습니다. 이들의 한결같은 공통점은 사람을 두려워하지 않는다는 것과 죽음도 두려워하지 않는다는 것입니다. 생명을 내걸고 담대히 하나님의 말씀을 증거했습니다.

"오늘까지 나는 범사에 양심을 따라 하나님을 섬겼노라 하거늘"
(23:1).

바울의 담대함에는 또 다른 이유가 있었습니다. 바로 깨끗한 양심입니다. 바울이 소리친 것처럼 그는 범사에 양심을 따라 하나님을 섬겼습니다. 바울의 이 말에 대제사장은 찔림을 받을 수밖에 없었습니다. 대제사장이야말로 온갖 권모술수를 부리며 약자 위에 군림하는 사람이었기 때문입니다. 그는 '양심'이라는 말에 화가 났습니다. 그래서 옆에 있는 사람에게 이렇게 말했습니다.

"그 입을 치라"(23:2).

바울은 담대했습니다. 양심이 깨끗했기 때문에 담대할 수 있었습니다. 하나님 앞에 걸릴 것이 없었습니다. 이렇게 담대한 바울한 사람으로 인해 아시아가 소란했고, 유럽이 소란했으며, 결국은 가이사랴 총독이 앉아 있는 재판석까지 예수의 복음이 울려 퍼지는 역사가 일어났습니다. 바울뿐만 아니라 누구든지 양심이 깨끗하면 대범합니다.

"그날 밤에 주께서 바울 곁에 서서 이르시되 담대하라 네가 예루살렘에서 나의 일을 증언한 것 같이 로마에서도 증언하여야 하리라 하시니라"(23:11).

바울에게 있어서나 모든 하나님의 자녀에게 있어서 두려움이 없고 담대한 것이 얼마나 중요한지 11절 말씀을 보면 알 수 있습니다. 얼마나 중요한지 주님이 밤에 바울 곁에 나타나셔서 하신 첫 마디가 '담대하라'였습니다. 주님이 특별히 바울에게 나타나셔서 강하게 붙들어 일으켜 준 일이 꼭 세 번 있는데, 그때마다 하신 말씀이 '두려워 말라, 담대하라'였습니다.

"밤에 주께서 환상 가운데 바울에게 말씀하시되 두려워하지 말며 침묵하지 말고 말하라"(18:9).

"바울아 두려워하지 말라 네가 가이사 앞에 서야 하겠고 또 하나님께서 너와 함께 항해하는 자를 다 네게 주셨다 하였으니"(27:24).

고린도에서 1년 6개월 동안 전도할 때 고린도의 3분의 2가 노예들이었던 것을 기억할 것입니다. 그 사람들에게 그리스도의 복음을 전할 때 바울이 얼마나 많이 좌절했겠습니까? 어느 날 저녁

좌절한 채 무거운 마음으로 있는 바울에게 주님이 나타나셔서 격려해 주셨습니다. 그 첫마디가 바로 '두려워하지 말라'였습니다. 바울이 쇠고랑을 차고 로마로 압송될 때 풍랑을 만나 그야말로 완전히 사경을 헤매는 상황일 때도 주의 천사가 나타나서 한 첫 마디 역시 '바울아, 두려워 말라'였습니다. 주님께서 바울에게 나타나실 때마다 제일 먼저 하셨던 말씀이 '두려워 말고 담대하라'였던 것입니다.

바울도 인간이었기에 자기도 모르게 두려움에 빠지는 때가 많았다는 것을 알 수가 있습니다. 그러므로 우리는 늘 주님이 주시는 은혜로 담대함을 유지할 필요가 있습니다. 어떠한 어려움이 와도 두려워하지 않는 담대함이 우리에게 있어야 합니다.

전염병 같은 자

바울이 가이사랴로 호송되었습니다. 당시 유대에서는 과격한 젊은이들 40명이 바울을 죽이기 전에는 먹지도 않고 마시지도 않겠다는 결사를 했습니다. 그 비밀 결사의 공모가 바울의 생질을 통해 노출되어 그 사실이 천부장에게 전달되었습니다. 천부장은 바울을 살리기 위해 밤중에 군사 470명을 동원해 아무도 모르게 바울을 가이사랴로 압송합니다.

사람들은 바울을 죽이려고 했지만 하나님께서는 그것을 오히려 이용하셔서 바울을 훨씬 더 안전한 곳 가이사랴로 보내셨습니다. 게다가 400여 군사의 호위를 받으면서 말입니다. 하나님께서 오히려 해하려고 하는 사람, 악한 수단을 가지고 덤비는 사람을 통해 선을 이루신 것입니다. 악을 선으로 돌이켜 주셨습니다. 이것은 하나님의 자녀에게 나타나는 큰 역사입니다.

"닷새 후에 대제사장 아나니아가 어떤 장로들과 한 변호사 더둘로와 함께 내려와서 총독 앞에서 바울을 고발하니라"(24:1).

바울이 드디어 벨릭스 총독 앞에 서게 되었습니다. 이때 대제사장 아나니아가 어떤 장로들과 함께 더둘로라는 변호사를 데리고 왔는데, 그는 총독에게 유창하게 아첨을 떱니다. 그의 아첨은 정말 가관입니다. 총독 덕분에 태평을 누리고 총독의 선견으로 많은 것이 개선되었다고 감사의 뜻을 표하며 바울을 향하여 한마디 던집니다.

"우리가 보니 이 사람은 전염병 같은 자라"(24:5).

성경에서 말하는 전염병은 페스트를 뜻합니다. 흑사병입니다. 역사가들에 따르면 흑사병은 역사상 수억에 달하는 인명을 앗아 갔으며, 역사의 진로를 바꾸어 놓았다고 해도 과언이 아닐 정도의 무서운 병이었습니다. 그렇다면 바울더러 '전염병'이라고 말할 때 그 의미가 무엇이었겠습니까? 굉장히 무섭다, 혹은 전염률이 높다는 말과 같은 것 아니겠습니까? 사실 바울 하나를 놓고 전염병이라고 말한 것은 참 적절한 표현입니다. 그 사람들 눈에는 바울이 정말 무서운 힘을 가진 사람이었습니다. 바울 한 사람, 아무것도 아닌

한 사람 때문에 온 천하에 그리스도의 복음이 놀라우리치 빠른 속도로 전파되고 있었으니 어쩌면 '전염병'이라는 말이 정확한 표현이었을지도 모릅니다.

그리스도의 손에 강하게 붙들린 바울은 모든 사람이 전염병처럼 볼 정도로 무서운 존재가 되었습니다. 이런 사람들은 세상이 감당하지 못했다(히 11:38 참조)고 성경은 말씀하고 있습니다. 예루살렘에서 내려온 유대 나라의 임금들, 그리고 벨릭스 총독을 위시한 로마 정부를 대표한 재판관들은 쇠고랑을 찬 바울 앞에서 쩔쩔매며 어찌할 줄을 몰랐습니다. 감당하지 못했습니다. 얼마나 하나님의 능력에 잡혀 있었으면 그랬을까요?

대한민국의 교회가 복음에 사로잡힌 전염병이 되기를 원합니다. 하루 빨리 모든 세계 민족이 주님 앞에 돌아와 그 부패하고 굳은 마음이 녹고 새 마음이 되어 하나님께 영광을 돌리는 날이 왔으면 합니다. 그렇게 되기 위해서는 우리 자신부터 바울처럼 복음의 전염병이 되어야 합니다. 그래서 내 손을 잡았을 때 병이 전염되는 것처럼 복음이 사람들에게 전해져 예수 이름으로 구원 받는 일들이 일어나야 하겠습니다.

사도행전 26장

83 아그립바 왕 앞에 서다

아그립바가 바울에게 이르되 네가 적은 말로 나를 권하여
그리스도인이 되게 하려 하는도다 바울이 이르되 말이 적으나 많으나
당신뿐만 아니라 오늘 내 말을 듣는 모든 사람도 다 이렇게 결박된 것 외에는
나와 같이 되기를 하나님께 원하나이다 하니라
_ 사도행전 26:28-29

로마로 보낼 죄목

바울은 2년간 가이사랴 감옥에 수감되어 있었습니다. 그동안 그는 미결수로 재판을 기다리고 있는 중이었습니다. 바울의 재판을 맡고 있는 사람은 로마 황제의 파견을 받아 팔레스타인 지역을 관할하고 있는 총독이었습니다. 총독의 입장에서 보면 바울의 사건은 좀 난처한 면이 있었습니다. 구속할 만큼 죄가 크지는 않았지만 함부로 석방할 경우 유대인의 분노를 살 위험이 있었기 때문입니다. 민심을 잃을까 두려워한 것입니다.

그런 상황에서 시간만 보내고 있다가 벨릭스라는 덕망이 두터운 총독이 다른 곳으로 전보되고 베스도라고 하는 새 총독이 부임을 하게 되었습니다. 새로 부임한 베스도 총독 역시 오자마자 바울을 심문했습니다. 심문 결과 여전히 죽일 죄를 범한 일이 없음이 확인되었습니다. 그러나 여전히 석방은 쉬운 일이 아니었습니다. 예루살렘에 있는 지도자들이 바울을 굉장히 증오하고 있다는 사실을 알았기 때문입니다. 그런 차에 바울이 강력하게 자기를 로마에 있는 황제의 재판에 회부해 달라고 요청한 것입니다.

베스도 총독의 처지에서는 짐을 덜 수 있는 일이었습니다. 그런데 바울을 로마로 보내려니 한 가지 문제가 있었습니다. 황제의 재판에 죄수를 회부하려면 황제가 납득할 만한 어떤 죄목이 있어야 했기 때문입니다. 아무 죄가 없는 사람을 로마에 보내어 황제 앞에 세울 경우 오히려 자신이 위태로워질 수도 있었습니다. 그래서 바울의 죄목과 황제 앞에 세울 구실을 찾아야 하는데, 마침 좋은 기회가 온 것입니다.

당시 예루살렘은 이중 통치제도를 가지고 있었습니다. 헤롯 왕가에서 그 지역을 다스리는 왕이 하나 선출되었고, 또 그 사람을 감독하는 동시에 로마 황제의 명령을 직접 받아서 그 지역을 관할하는 총독이 있었습니다. 이 체제에서 시행되던 관례 중 하나가 총독이 새로 부임하면 그 지역을 관할하는 헤롯가의 왕이 인사를 오는 것이었습니다.

베스도가 부임한 지 얼마 안 되어서 헤롯 아그립바 왕은 관례에 따라 베스도 총독을 방문하게 되었습니다. 그래서 베스도는 아그립바 왕과 바울과 관련된 문제를 상의한 것입니다. "바울이라는 사람에게서 죄를 찾으려니 죄는 없고, 석방을 하자니 이건 형편상 어려운데 본인 스스로 로마로 보내 달라고 해서 로마를 보내자니 뚜렷한 무슨 죄목도 없고, 이것 참 난처하다. 그러니 내일 같이 이 사람을 심문해 보고 로마로 보낼 수 있는 구실을 찾아 보자"는 것입니다. 이렇게 해서 두 사람이 다음날 재판을 열어 바울을 불러낸 것입니다. 그 장면이 25장과 26장에 걸쳐 기록되어 있습니다.

아그립바 왕은 어떤 면에서 좀 불운한 왕입니다. 왜냐하면 아버지 헤롯 아그립바 1세가 세상을 떠났을 때 나이가 열일곱 살밖에 되지 않아 왕위를 계승하지 못했습니다. 그래서 한동안 나이가 어리다는 이유로 설움을 당하다가 서른이 다 되어서야 드디어 다메섹 지역 그리고 팔레스타인 북쪽 지역의 조그마한 영토를 관할하는 분봉왕으로 겨우 행세하게 되었습니다. 그리고 여기에 나오는 아그립바 왕은 헤롯 왕가의 마지막 왕입니다. 이 사람을 끝으로 헤롯 왕가는 완전히 몰락해 버립니다. 이 아그립바 왕은 후에 새로운 로마 황제인 글라우디스와 상당히 친분이 두터워 그 덕분에 나중에는 베뢰아 지역까지 꽤 넓은 지역을 관할하게 되었습니다. 그리고 유대 나라의 대제사장을 임명할 수 있는 권한까지 얻게 되었습니다. 베스도를 방문한 그때야말로 아그립바 왕에게는 최전성기였다고 볼 수 있습니다.

바울의 법정 진술

아그립바와 베스도는 바울을 재판하기 위해 배석했습니다. 베스도의 왼쪽에는 천부장 네 명이 배석해 위용을 갖추고 있었을 것이고, 그 뒤로는 예루살렘으로부터 내려온 대제사장을 위시해서 소위 유대 나라의 지도자들 수십 명이 아주 증오에 찬 눈초리를 한 채 앉아 있었을 것입니다. 그리고 제일 뒤쪽에는 총독이 거느리는 백부장들이 호위를 하듯 서 있었을 것입니다.

재판장 분위기만으로도 기가 죽을 그런 상황이었습니다. 얼마나 장엄했겠습니까? 세상 권세와 위엄, 멋을 다 부린 그런 분위기였으니 말입니다. 이런 분위기에서 손이 묶인 바울이 끌려나왔습니다. 바울을 변호하는 사람은 아무도 없습니다. 바울은 그 자리에 서기 전 벌써 2년 동안이나 옥고를 치르고 있었습니다. 그랬기에 그의 외모는 상당히 초라하고 초췌해 있었을 것입니다. 천막 제조업자인 그는 권력도 전혀 갖지 못한 신분이었습니다. 그런 그가 재판석 앞에 섰습니다.

베스도가 먼저 재판의 경위를 간단하게 이야기했습니다. 황제에게 이 사람을 보내기 위해 오늘 재판을 한다고 했습니다. 그러고 나서 아그립바 왕이 바울에게 변명하라고 기회를 주었습니다. "아그립바 왕이여"로 시작된 바울의 유명한 변론이 드디어 시작되었습니다.

> "당신들은 하나님이 죽은 사람을 살리심을 어찌하여 못 믿을 것으로 여기나이까"(26:8).

그의 법정 진술의 내용은 몇 가지로 요약될 수 있습니다. 첫째 유대인과 자기 사이에 일어난 근본적인 쟁점은 예수의 부활이라는 점을 분명히 지적했습니다. 둘째로 바울은 자신의 과거 경력, 특별히 기독교에 대해 자신이 과거 어떤 선입관을 갖고 있었는지에 대해 설명했고, 셋째 다메섹 도상에서 그가 예수 그리스도를 어떻게 만나게 되었는가를 이야기했습니다. 그리고 19절 이하에는 그가 예수 그리스도를 만난 다음에 예수님의 명령에 따라 하늘에서 보이신 것을 거스르지 아니하고, 다메섹이나 예루살렘이나 온 유대, 온 이방 사람들에게 회개하라고 외쳤다고 말했습니다. 여기서 바울이 전한 메시지의 중심을 알 수 있습니다. 사도행전 전체를 통해 볼 때 바울이 전한 메시지의 중요한 중심은 부활과 회개였습니다. "예수 그리스도가 부활하셨다. 그러므로 회개하라"는 것이었습니다.

그리고 끝으로 바울은 자기가 지금까지 전한 메시지, 즉 예수 그리스도가 부활했다고 하는 이 복음을 유대 나라 사람들이 한결같이 믿고, 늘 읽고 있는 구약성경과 일치한다는 점을 이야기했습니다. 바울이 아그립바 왕 앞에서 말한 내용입니다.

복음의 핵심

예수님의 부활이 유대인과 바울 사이에 중요한 쟁점이 되었던 이유는 어디에 있을까요? 왜 바울이 예수님의 부활을 말할 때 유대인들이 죽이려고까지 했을까요? 왜 그렇게 유대인들이 분노를 터뜨리고, 증오했을까요?

구약성경은 메시아가 반드시 고난 당해서 죽고 죽은 후에는 반드시 부활할 것이라고 예언했습니다. 다윗 또한 "그는 선지자라 하나님이 이미 맹세하사 그 자손 중에서 한 사람을 그 위에 앉게 하리라 하심을 알고 미리 본 고로 그리스도의 부활을 말하되 그가 음부에 버림이 되지 않고 그의 육신이 썩음을 당하지 아니하시리라"(행 2:30-31)며 메시아가 꼭 부활하실 것을 예언했습니다.

그렇다면 바울이 예수님이 부활했다고 말하는 것은 결국 무엇을 의미하는 것이었겠습니까? 예수님이야말로 구약 선지자들이 예언한 메시아라는 사실입니다. 그런데 유대인 지도자들에게 있어서 이 문제는 보통 큰 문제가 아니었습니다. 그들이 바로 예수님을 십자가에 못박은 당사자들이었기 때문입니다. 예수가 구약에서 예언한 메시아라는 것을 인정해 버릴 경우 자신들은 큰 죄를 범한 사람이 되는 상황이었기 때문입니다.

바울은 끝까지 예수가 바로 메시아라는 것을 전했습니다. 예수의 부활이 그 증거라고 했습니다. 베드로가 예루살렘에서 이러한 메시지를 전할 때 유대인들이 얼마나 잡아 죽이려고 안간힘을 쏟았습니까? 그런데도 바울은 하나님의 은혜로 죽지 않고, 나중에는 세상을 돌아다니면서 예수가 부활하신 메시아라는 것을 전하니 그들은 견딜 수가 없었습니다.

예수 부활이 쟁점이었다는 것을 기억합시다. 복음의 핵심은 예수 십자가와 예수 부활입니다. 예수의 십자가와 부활이 복음 중의 복음입니다. 이 두 가지를 빼 버리면 복음은 없어집니다.

"먼저 다메섹과 예루살렘에 있는 사람과 유대 온 땅과 이방인에게까지 회개하고 하나님께로 돌아와서 회개에 합당한 일을 하라 전하므로"(26:20).

바울은 메시아인 예수 그리스도를 발견한 사람에게 먼저 회개해야 한다고 전했습니다. 이 경우 믿음과 회개는 서로 다른 사건이 아니라 같은 사건입니다. 믿기에 회개하고, 회개하니 믿는 것입니다. 이 두 가지는 나뉠 수 있는 사건이 아닙니다. 그런데 요즘에는 믿음은 알고 있는데 회개를 모르는 사람들이 많은 것을 봅니다. 올바른 믿음이 아닙니다. 예수 그리스도를 나의 구원자, 나의 메시아로 영접하는 사람에게는 반드시 믿음과 동시에 회개가 따라옵니다. 혹은 회개하면서 믿습니다.

사도행전을 보면 바울은 날마다 그저 믿음만 외친 것 같지만 그렇지 않습니다. 서신서를 보십시오. 로마서, 고린도전서, 빌립보서, 에베소서 등 모든 성경을 보십시오. 얼마나 철저하게 회개를 외치고 있는지 말입니다. 얼마나 경건생활을 많이 이야기하고 있는지도 보십시오. 또한 얼마나 옛 생활을 벗어 버리라고 말하고 있습니까? 얼마나 새 사람을 입고 새로운 생활을 하라고 말하고 있습니까? 믿으면 반드시 회개가 따라가야 된다는 이야기와 같습니다. 요즘 현대 교인들은 믿기는 믿는데 삶의 변화가 없습니다. 보통 심각한 문제가 아닙니다.

세상이 보기에 미친 자

바울의 변명을 들은 베스도는 참지 못하고 크게 소리를 질렀습니다.

"바울이 이같이 변명하매 베스도가 크게 소리 내어 이르되 바울아 네가 미쳤도다 네 많은 학문이 너를 미치게 한다 하니"(26:24).

베스도는 예수 그리스도와 그의 부활에 대해 열정적으로 변호하고, 예수 그리스도를 높이 자랑하는 그의 모습을 이해할 수가 없었습니다. 저렇게 공부 많이 하고, 저렇게 좋은 가문에서 태어난 사람이 무엇이 답답해서 예수에 미쳐서 저렇게 수갑을 차고, 부끄러운 줄도 모른 채 당당하게 큰소리를 치는지, 미치지 않았다면 도무지 저렇게 할 수가 없다고 본 것입니다. 바울의 모습은 세상 사람이 보기에는 완전히 미친 사람이었습니다. 세상 사람들은 예수 믿는 사람들을 보고 매력을 느끼기도 하고, 칭찬하는 부분도 많습니다. 하지만 동시에 비정상으로 보는 부분도 있다는 것을 알아야 됩니다. 예수님의 가족도 예수님을 미쳤다고 했습니다.

세상 사람들에게서 100퍼센트 칭찬만 듣는 사람은 진짜 그리스도인이 아닙니다. 그리스도인이 칭찬받는 것은 그들보다 삶이 아름답고, 그들보다 인격이 더 고상하고, 그들보다 더 정의롭게 살려고 하는 면이 있기 때문입니다. 그러나 동시에 세상 영에 사로잡혀 있는 사람들 눈에는 예수를 마음에 모시고 사는 사람이 정상으로 보일 리가 없습니다. 공중의 권세 잡은 자에게 사로잡혀 자기의 욕심과 자기의 모든 정욕대로 사는 사람의 눈에 예수님을 모시고 사는 사람이 정상으로 보인다고 한다면 문제가 있는 것입니다.

그리스도인과 세상 사람들은 서로를 향해 미쳤다고 말할 수밖에 없습니다. 세상 사람들이 보기에 예수 믿는 사람들은 예수에 미쳤고, 그리스도인이 보기에 세상 사람들은 세상에 미쳐 있습니다.

사실 서로 미쳤다고 하는 게 정상입니다. 왜냐하면 그만큼 서로가 다르기 때문입니다. 그러므로 예수를 믿는다고 하면서도 세상 사람들에게 전혀 이상한 데가 안 보이고 세상 사람들 눈에 항상 좋은 사람, 항상 정상적인 사람으로 보이는 사람이라면 문제가 있는 것입니다.

그러나 정말 누가 정상인지는 하나님 앞에 가면 알 수 있을 것입니다. 바울은 이렇게 말했습니다.

"그 안에는 지혜와 지식의 모든 보화가 감추어져 있느니라"(골 2:3).

예수 안에는 발견만 하면 깜짝깜짝 놀랄 만한 하늘의 보화와 지혜와 지식이 다 들어 있습니다. 바울은 그것을 발견하자마자 세상의 모든 것이 눈에 들어오지 않았습니다. 예수에게 미쳐 버렸습니다. 너무나 큰 은혜를 받은 바울은 모든 것을 다 내어 버렸습니다. 수갑을 차도 미친 사람처럼 예수 소리밖에 할 줄 모르는 사람으로 바뀌었습니다. 보화를 발견하고도 미치지 않을 사람이 어디 있겠습니까?

그러기에 세상의 모든 직업 다 버리고 선교사로 떠나는 사람도 있고, 예수 안에서 발견한 축복이 너무 귀해서 세상의 명예를 얻거나 출세하겠다는 생각을 다 버리고 소박하게 살면서 주님의 몸 된 교회를 위해 헌신하려고 달려드는 사람도 있는 것입니다. 세상 사람이 볼 때는 미친 사람이지만, 그러나 하나님이 볼 때는 정상적인 사람입니다.

다 알지 않습니까

바울은 자신을 향해 미쳤다고 말하는 베스도 총독에게 한마디 하고 넘어갑니다.

"바울이 이르되 베스도 각하여 내가 미친 것이 아니요 참되고 온전한 말을 하나이다 왕께서는 이 일을 아시기로 내가 왕께 담대히 말하노니 이 일에 하나라도 아시지 못함이 없는 줄 믿나이다 이 일은 한쪽 구석에서 행한 것이 아니니이다 아그립바 왕이여 선지자를 믿으시나이까 믿으시는 줄 아나이다"(26:25-27).

바울은 자신은 미친 것이 아니요, 참되고 온전한 말을 한다고 했습니다. 이 말에는 자신이 진짜 미쳤는지 나중에 하나님 앞에 가서 보자는 의미도 숨어 있습니다. 그러고 나서 바울은 베스도에게 더 이상 할 말이 없었습니다. 벌써 몇 번 만나서 이야기를 했기 때문에 더 이상 할 말이 없었습니다. 그 자리에서 바울에게 중요한 인물은 베스도가 아닌 바로 아그립바 왕이었습니다. 바울은 아그립바 왕을 향해 말했습니다. "당신은 다 잘 알고 있지 않습니까? 구약성경도 잘 알고 있고, 메시아가 오시면 어떤 분이 될 것이라는 것도 잘 알고 있고, 예수에 관한 이야기도 많이 알고 있지 않습니까? 당신이 다 알고 있는 줄 압니다" 하고 말입니다.

바울이 이와 같이 말할 수 있었던 것은 아그립바 왕이 헤롯 가문이었기 때문입니다. 엄밀히 따지면 유대인은 아니었고 유대인 행세를 하는 집안이었습니다. 그의 주변에는 서기관과 바리새인들이 있었기 때문에 그는 구약에 관한 것은 상식으로 거의 다 알고 있었고, 예수에 관한 사건도 알고 있었습니다.

바울의 이 말에 아그립바 왕은 기가 막히다는 듯이 "네가 한 두 마디 적은 말을 가지고 나를 설득해서 그리스도인이 되게 하려고 하는구나" 대답했습니다. 아그립바 왕의 이 말에는 빈정거림이 담겨 있습니다. 수갑을 찬 죄수가 건방지게 자신을 얕보고 몇 마디 해가며 자기를 그리스도인이 되게 한다고 생각한 것입니다.

나와 같이 되기를

아그립바 왕 앞에서 벌어진 재판 상황을 떠올려 볼 때 재판관과 피고의 입장이 바뀌어 있는 것을 볼 수 있습니다. 바울이 전체 분위기를 다 장악했습니다. 바울이 베스도 입을 열지 못하게 만들었고, 아그립바 왕도 꽉 잡았습니다. 바울은 아그립바 왕의 빈정거리는 말에도 전혀 위축되지 않았을 뿐만 아니라 기가 막힌 명언을 하나 남겼습니다.

"바울이 이르되 말이 적으나 많으나 당신뿐만 아니라 오늘 내 말을 듣는 모든 사람도 다 이렇게 결박된 것 외에는 나와 같이 되기를 하나님께 원하나이다 하니라"(26:29).

이 말을 하는 바울과 그 상황을 상상해 봅시다. 이 말에 모든 사람이 기가 죽어 버렸습니다. 재판도 계속되지 못했습니다. 끝나고 말 았습니다. 모두가 할 말을 잃은 것입니다. 아니 할 말이 없었습니다.

바울의 이와 같은 대답은 마치 적막한 밤하늘에 갑자기 울려 퍼지는 천둥소리와 같았습니다. 듣는 사람들의 마음을 무섭게 뚫고 들어오는 한 가닥의 빛이었습니다. "나와 같이 되기를 원한다"는 바울의 말에는 여러 의미가 포함되어 있습니다. 먼저 재판석에 앉은 사람들을 전혀 부러워하지 않았습니다. 바울은 그들이 가진 영화, 권세, 지위 어느 것 하나도 부러워하지 않았습니다. 바울의 눈에는 그들이 입고 있는 옷과 누리고 있는 권세는 누더기와 같은 것, 얼마 지나지 않아 다 불에 타버릴 것으로밖에 보이지 않았습니다.

둘째, "나와 같이 되기를 원한다"는 말은 바울이 자신의 처지를 전혀 부끄러워하지 않는다는 것을 보여 줍니다. 예수 한 분만 소유한 이상, 수갑을 차든 어떤 재판석 앞에서 수모를 당하든 자신은 행복한 사람이라는 것을 밝히 이야기한 것입니다.

셋째, 이 말은 자신을 재판하는 사람들을 불쌍히 여기는 심정을 나타냅니다. 바울은 지금은 저들이 자신을 재판하지만 나중에는 주님이 그들을 재판하게 되리라는 것을 바울은 알았습니다. 재판하는 주님 옆에 누가 앉아 있겠습니까? 바울이 앉아 있을 것입니다. 바울은 결국 나중에는 상황이 바뀔 것을 알았습니다. 그래서 그 영혼이 불쌍했을 것입니다.

"내가 내 마음속으로 이르기를 의인과 악인을 하나님이 심판하시리니 이는 모든 소망하는 일과 모든 행사에 때가 있음이라 하였으며"(전 3:17).

전도서의 말씀처럼 분명히 하나님께서 악인을 심판하실 때가 옵니다. 24장 25절을 보면 전임자였던 벨릭스 총독에게 바울이 불려가서 하나님의 말씀을 전하며 심판에 대해 이야기하자 벨릭스가 얼마나 마음에 공포가 심해던지 두려워하며 "오늘은 이만하고 나중에 또 만나서 이야기하자"고 말할 정도였습니다.

바울의 이와 같은 모습을 마음속에 담기를 바랍니다. 우리는 바울처럼 하지는 못합니다. 바울처럼 되지도 못합니다. 바울이 큰 그릇이라면 우리는 심히 작은 그릇이기에 그렇습니다. 그러나 바울이 가졌던 그 정신은 가져야 합니다. 세상의 권세를 부러워하지 맙시다. 예수 믿지 않고 돈과 권력으로 세도 부리고, 일시적으로 잠깐 피었다가 떨어져 버리는 꽃과 같은 영화를 누리는 사람들을 부러워하지 맙시다. 가난해도 차라리 실패자와 같이 보일지라도 다른 사람이 예수 믿는 자신처럼 되기를 기도합시다. 이것이 바로 바울의 신념입니다.

사도행전 27장

84 조난을 당하다

이것이 너희의 구원을 위하는 것이요
너희 중 머리카락 하나도 잃을 자가 없으리라 하고
떡을 가져다가 모든 사람 앞에서 하나님께 축사하고 떼어 먹기를 시작하매
그들도 다 안심하고 받아 먹으니
배에 있는 우리의 수는 전부 이백칠십육 명이더라
_ 사도행전 27:34-37

위험한 항해

사도행전 27장에는 사도 바울이 겪은 조난 이야기가 실려 있습니다. 고린도후서 11장 25절을 보면 바울이 바다에서 세 번 파선한 경험이 있다고 되어 있는데, 이 세 번의 파선은 사도행전 27장의 사건 전에 일어난 것으로 1차, 2차 선교 여행에서 경험한 것입니다. 그런데 성경은 이상하게도 이 세 사건에 대해서는 기록하지 않고 오직 로마로 가다가 만난 조난만을 기록하고 있습니다. 이 사건은 세계 역사에 남을 만큼 어마어마한 규모였습니다.

"우리가 배를 타고 이달리야에 가기로 작정되매…"(27:1).

"또 거기서 우리가 떠나가다가 맞바람을 피하여 구브로 해안을 의지하고…"(27:4).

바울이 로마 황제의 재판을 직접 받기 위해 죄수의 몸으로 호송되어 가는 그 배에는 바울과 함께한 이들이 있었습니다. 본문 말씀에서 가끔 나오는 단어 '우리'를 보면 알 수 있습니다. 이 '우리'라고 지칭된 사람들은 바울 자신을 포함해 사도행전을 기록한 누가와 2절에 기록된 대로 데살로니가 사람 아리스다고가 있었을 것입니다. 바울과 함께 특별히 동행한 아리스다고는 바울을 통해 예수를 믿게 된 사람으로 바울 때문에 끌려가서 한번 혼이 난 경험도 있습니다. 아리스다고는 그후로 바울을 적극적으로 따라다니며 복음을 전하는 데 동역자 역할을 한 것 같습니다. 어떤 학자들은 아리스다고가 특별히 동행했다는 것은 바울의 노예 혹은 몸종으로서 특별히 자기 이름을 올려놓고 바울과 행동을 함께한 것이 아닐까 추측하기도 합니다.

만약 그 추측이 사실이라고 한다면 아리스다고는 대단한 인물이 아닐 수 없습니다. 자기 영혼을 구원해 준 바울을 위해 스스로 자기를 던지고 몸종이 되어 로마 감옥을 향해 가는 주인과 생사고락을 같이할 각오를 했으니 얼마나 충성심이 대단한 사람입니까? 또한 그 추측이 사실이라면 바울은 결코 외로운 사람이 아니었다고 생각됩니다. 가장 어렵고 고독한 처지에 있을 때 한결같이 충성하는 제자나 동역자나 또는 친구가 있다는 것은 돈으로도 따질 수 없는 가치입니다. 바울에게는 가끔 이런 사람들이 있었습니다. 누가, 아리스다고, 나중에 보면 디모데도 그런 사람 중의 한 명이 됩니다. 하나님께서 바울을 위로하기 위해 이렇게 좋은 동역자들을 항상 가까이 두고 계셨다는 것을 우리는 볼 수 있습니다.

바울 일행을 로마까지 인솔해 간 책임자는 백부장 율리오라는 사람이었습니다. 이 사람은 로마 황제와 식민지에 있는 로마 군대 사이를 오가면서 중요한 임무를 담당하던 연락장교가 아니었을까 생각됩니다. 율리오의 통솔 아래 드디어 바울과 다른 죄수들은 아드라뭇데노라고 하는 항구도시로 가는 배에 올랐습니다. 아드라뭇데노는 지도상에서 보면 터키 끝, 그리스와 맞붙은 쪽 흑해에 있는 작은 항구입니다.

아드라뭇데노로 가는 뱃길은 처음부터 심상치 않았습니다. 배를 타고 가기에는 아주 좋지 않은 계절이었기 때문입니다. 그래서 지그재그로 돌아 여러 날이 걸린 후 무라성에서 기항을 한 뒤 이집트의 알렉산드리아에서 로마로 가는 배를 갈아탔습니다. 이 배는 바울을 위시해 276명의 승객이 탈 정도로 큰 배였습니다. 당시에는 이미 조선술이 대단히 발달해 있어서 큰 선박의 경우 길이가 90미터에 600명 이상의 승객이 탈 수 있었다고 합니다. 또 배 구조라든지 모든 모양이 거의 완벽한 수준이어서 18세기 후반 증기선이 나오기까지는 바울 시대에 있던 그 모양 그대로 변함 없이 수백 년 동안 사용할 정도였다고 합니다. 당시 배를 건조하는 기술이 얼마만큼 발달했었는지 짐작이 됩니다.

276명의 승객을 다 태운 이 배가 여러 날 어려운 항해를 겨우겨우 끝내고 디도가 한때 목회했던 그레데라는 섬의 미항에 도착했습니다. 여기서 이제 사람들 사이에 여행을 계속할 것이냐 여부를 놓고 한참 논란이 거듭된 것 같습니다. 최고 책임자인 백부장 율리오는 일단 선장과 선주의 견해를 들었습니다. 선장과 선주의 견해는 당장 가자는 쪽이었습니다. 미항이라고 하는 조그마한 항구는 배를 대 놓고 겨울을 보내기가 어려운 환경이었기 때문입니다. 그래서 그들은 차라리 겨울을 보내려면 40킬로미터 떨어진 뵈닉스라는 항구로 가서 겨울을 보내고 이탈리아로 가자고 주장했던 것으로 보입니다.

뵈닉스 항구는 한쪽은 서남으로, 한쪽은 서북으로 향해 있어서 바다가 열려 있기 때문에 겨울에 북쪽에서 오는 바람을 막을 수 있는 좋은 여건을 갖추고 있었습니다. 그래서 겨울을 보내기에 좋은 곳에 가서 가급적이면 이탈리아에 조금이라도 빨리 가보고 싶다는 욕심 때문에 선주와 선장은 즉각적인 강행군을 주장했습니다. 그런데 율리오가 바울에게 상당히 호감을 갖고 있었는지 중요한 결정을 하는 데 바울의 견해도 들으려고 했던 것 같습니다. 바울은 항해를 반대했습니다. 바울 역시 대단한 지식을 갖고 있지 않았습니까? 수년 동안 지중해를 다니면서 전도를 한 사람이니 지중해의 뱃길이라든지 기후 조건이라든지 항해의 여러 가지 상식을 다른 사람 못지않게 가지고 있었습니다. 바울은 배를 띄우는 것은 좋지 않다고 생각했던 것 같습니다. 바울이 말하고자 하는 포인트는 이것이었습니다.

"여러 날이 걸려 금식하는 절기가 이미 지났으므로 항해하기가 위태한지라 바울이 그들을 권하여"(27:9).

이해를 잘 못할 수도 있는 내용입니다. '금식하는 절기'란 레위기 16장 29절에 나오는 절기를 말합니다. 그것은 유대인들이 1년에 한 번씩 '대속죄일'로 지키는 절기를 말합니다. 자기의 모든 죄, 국가의 죄를 하나님 앞에 회개하는 형식적인 절기로 유대 나라 달력으로 7월 10일입니다. 이 '대속죄일'은 사람들이 자기 죄를 고백하고 자기 죄를 슬퍼하는 의미로 금식을 하고, 어떤 면에서는 고행을 하는 습관들이 있었습니다. 그래서 어디에 사는 유대인이든 간에 7월 10일은 전부 금식을 합니다. 바울도 역시 금식을 했습니다.

그런데 바울이 여기서 항해 여부와 관련해 금식하는 절기가 지났다고 말한 것은 어떤 깊은 관계를 말하기 위함이 아닙니다. 시기적으로, 계절적으로 위험한 항해가 될 것임을 말하고자 함이었습니다. 유대 나라 달력으로 7월이면 일반 달력으로는 9월입니다. 그리고 9월부터 11월까지는 지중해를 항해하기에 대단히 위험한 계절이었습니다.

무모한 항해

배를 끌고가는 선장이 바울 만한 상식이 없었을리는 만무합니다. 그런데도 왜 무모한 모험을 감행했는지는 수수께끼가 아닐 수 없습니다. 어떤 학자는 이 배가 알렉산드리아에서 나오는 배인 것을 근거로 당시 애굽의 곡물과 식물을 로마로 실어 나르는 역할을 했을 것이라고 추측합니다. 알렉산드리아 항구는 애굽에 있는 항구로서 이탈리아 사람들이 먹고 마시는 곡물과 식물이 유통되는 곳이었습니다.

아마도 바울이 타고 가는 배도 곡물을 잔뜩 싣고 있었을 것으로 생각됩니다. 그러니 선주라는 사람은 가급적이면 빨리 이탈리아에 가서 곡물을 풀어 놓고 이득을 단단히 보려는 계산을 하고 있었을 것이 틀림없습니다. 그래서 선장에게 약간 돈을 집어주면서 어떻게든 좀 빨리 가자고 했을 것이고, 돈에 눈이 어두워진 선장이 계절이 어떻든, 목적지가 어디든 일단 출발했을 것이 틀림없다고 추측하기도 합니다. 추측일 뿐이지만 충분히 있을 수 있는 일이라 생각합니다.

선장과 선주는 결국 배를 끌고 나갔습니다. 이런 상황을 보면서 다시 한 번 교훈을 받아야 하겠습니다. 돈에 눈이 어두워서, 이익에 눈이 어두워서 함부로 위험한 행동을 하는 것은 하나님이 막으십니다. 어떤 생업을 갖고 있든 어떤 때는 그만 돈에 눈이 어두워서, 욕심이 나서 지나친 위험을 무릅쓰고 모험을 하다가 모든 것을 다 잃어버리는 경우가 생깁니다. 바울 당시 선주는 어떻게 되었습니까? 홀딱 망했습니다. 곡물도 없어지고 배도 없어졌습니다. 인간이라는 것이 항상 그렇게 어리석은 데가 있습니다.

선장이나 선주에 비해 바울은 얼마나 과학적이었습니까? 또 얼마나 양심적입니까? 바울은 분명히 위험한 계절인데 왜 배를 몰고 나가느냐고 과학적으로 이야기했습니다. 만약 우리가 바울의 입장이었다면 아마도 그렇게 하지 않았을 가능성이 큽니다. 왜냐하면 바울은 분명 로마로 가는 것이 하나님의 틀림없는 뜻이요, 또한 황제 앞에 서야 된다는 것도 하나님이 허락하신 뜻임을 분명히 알고 있었기 때문입니다.

그러므로 바울에게는 믿음을 가지고 무모하게 행동할 수 있는 요인이 얼마든지 있었습니다. 배가 부서져도 자신은 고래등이라도 타고 갈 것이라는 믿음, 혹은 자신이 배를 탄 이상 모두 안전할 테니 걱정하지 말라고 얼마든지 주장할 수 있었습니다. 그런데도 바울은 그와 같은 일종의 무모한 행위를 하지 않고 과학적으로 문제를 다루었습니다. 때가 안 좋으니 나가지 말자고 말입니다.

가끔 보면 믿음이 좋다는 사람들이 상식이나 과학을 무시하고 믿음을 내세우며 행동합니다. 예수 믿고 나면 무슨 독을 마셔도 괜찮다고 하니까 독을 마시다가 화를 당한 사람도 있었습니다. 참 무모한 생각이요, 행동입니다. 예수 믿는 사람이라고 자연원리를 무시합니까? 믿음이 좋으면 무모하게 행동해도 하나님이 응답하십니까? 그것은 잘못된 생각입니다. 바울은 그런 행동은 하지 않았습니다.

사탄은 예수님을 성전 꼭대기에 세우고 뛰어내리라고 시험했습니다. 예수님이 뛰어내리셨나요? 사탄이 또 뭐라고 하며 시편을 낭독했습니까? 하나님이 천사를 보내서 발을 받아 땅에 부딪히지 않도록 할 것이라고 하나님이 약속하시지 않았느냐고 말했습니다. 그러나 예수님은 부인했습니다. 사탄의 시험을 예수님이 들을 이유도 없었지만, 또 뛰어내릴 이유도 없었기 때문입니다. 뛰어내리면 죽으니까요. 그게 상식입니다.

예수님이 나사렛에 들어가셔서 말씀을 전하다가 고향 사람들과 완전히 대립하게 되었습니다. 고향인 나사렛 사람들이 얼마나 화가 났는지 자신들의 눈에 익은 나사렛 청년 예수 그리스도를 잡아 끌고 벼랑 있는 데로 끌고 갔습니다. 거기서 예수님이 뛰어내리셨나요? 예수님이 뛰어내리면 천사가 와서 받아줄 테니 뛰어내려도 상관없지 않았겠습니까? 그러나 예수님은 뛰어내리지 않으셨습니다. 슬그머니 가운데로 비켜서 빠져 나오셨습니다. 왜 안 뛰어내리셨을까요? 뛰어내리면 죽기 때문입니다.

우리가 무슨 일을 할 때 항상 믿음을 갖는 것은 좋지만 쓸데없는 믿음의 모험을 하는 것은 근본적으로 잘못된 것입니다. 아스피린 한 알 먹으면 깨끗이 나을 병을 가지고 기도만 하고 고생하고 땀을 뻘뻘 흘리는 사람도 있습니다. 그러면 하나님이 아픈 곳을 좀 고쳐 주셨으면 좋겠는데 안 고쳐 주십니다. 솔직히 이야기해서 바울 당시 아스피린이 있었다면 바울이 안 들고 다녔겠습니까? 하나님께서 지키라고 하는 것은 지키되, 위험하다고 하는 곳은 피해야 하고, 좋지 않은 계절에는 배를 몰고 나가지 않아야 되고, 눈이 와서 미끄러울 때는 차를 몰고 나가지 말아야 되고, 길이 좁을 때는 조심해야 하는 것입니다. 길이 좁아도, 눈이 와서 미끄러워도 "하나님이 돌보아 주시는데 뭐" 하는 사람은 좀 이상한 사람입니다. 하나님을 시험하는 사람입니다. "어디 도와주나 안 도와주나 보자"라고 벼르는 것이나 꼭 같습니다.

결국 백부장 율리오는 배 주인이요, 배를 몰고 가는 선장의 말을 들었습니다. 바울의 말은 일축해 버렸습니다. 오늘날 21세기 사회에도 이 선주와 선장 같은 사람들이 얼마나 많은지 모릅니다. 다른 사람의 생명이야 어떻게 되든, 남이야 어떻게 희생을 당하든 자기의 욕심을 채우기 위해 어떠한 위험도 무릅쓰는 이와 같은 사람들이 얼마나 우리 사회에 많은지 모릅니다. 무모하게 돈을 벌려고 배에 사람들을 잔뜩 태우고 바다로 나갔다가 다 죽이는 사람들도 얼마든지 있고, 자기 욕심을 채우려고 무모하게 정책을 밀고 나가다가 국가와 사회를 혼란에 빠뜨리는 정치인들도 있습니다. 바울 당시에만 그와 같은 선장과 선주가 있었던 것은 아닙니다. 오늘날도 있습니다.

율리오는 바울의 말을 들었어야 했습니다. 바울이 분명히 이 배와 이 배를 타고 가는 많은 사람들의 생명이 위험하니 이 시기는 피하는 것이 좋다고 한 말을 들었어야 했습니다. 예수 믿는 사람들이 양심적으로 하는 말을 들을 줄 아는 사회가 되어야 할 텐데요. 또한 하나님의 말씀을 놓고 깊이 깨달은 진리를 전파하고 가르칠 때에 모든 사람들이 귀담아 들어야 할 텐데요. 그것이 사는 길이요, 그것이 자기가 이기는 길인데, 오늘날 사람들은 옳은 말에는 귀를 기울이지 않습니다. 다른 사람의 생명을 마음대로 희생시키면서 자기 계획만 성취하려고 하는 무서운 사람들로 변해 가고 있습니다. 우리는 이런 것을 끝까지 막아야 합니다. 바울처럼 끝까지 대결해야 합니다.

절망의 한가운데에서

선장의 말대로 배를 몰고 나갔더니 유라굴로라는 광풍이 크게 불어닥쳤습니다. 유라굴로는 북동쪽에서 갑자기 불어닥치는 큰 태풍을 가리키는 말입니다. 얼마나 바람이 거셌는지 얼마 지나지 않아 배는 선장의 손을 떠나고 말았습니다. 배가 얼마나 급한 상황에 빠지게 되었는지 파도에 배가 부서지는 것을 막기 위해 구명선을 끌어당겨 배 위에다 올려 놓고는 밧줄을 가지고 배를 사방으로 돌아가면서 묶었습니다. 그리고 나중에는 상황이 여의치 않아지자 바다에 짐을 다 내버리고, 연장도 다 내버렸습니다.

"여러 날 동안 해도 별도 보이지 아니하고 큰 풍랑이 그대로 있으매 구원의 여망마저 없어졌더라"(27:20).

폭풍이 몰아치는 바다 한가운데서 사람들은 소망을 잃었습니다. 구원의 여망이 다 없어지는 것을 느꼈습니다. 그 상황을 우리가 상상이나 할 수 있을까요? 그 상황에서 인간의 능력과 지위가 무슨 소용 있겠습니까? 아무것도 아닙니다. 모두가 다 꼭 같은 존재들, 죽음 앞에서 부들부들 떠는 가랑잎 같은 존재로 다 변해 버립니다. 아무것도 없습니다. 이런 상황에서 하나님의 사람 바울이 일어났습니다. 그리고 그 절망의 가운데 섰습니다. 죽음의 침묵이 한 가닥 남아 있는 생명의 줄마저 끊어 버릴 것 같은 무서운 자리에서 믿음의 사람 바울이 섰습니다.

절망의 상황에서 예수 믿는 사람은 두 가지 중 하나는 해야 됩니다. 첫째는 "환난 날에 나를 부르라 내가 너를 건지리니 네가 나를 영화롭게 하리라"(시 50:15)는 말씀을 붙들고 하나님의 도움으로 위기를 벗어날 수 있다는 어떤 강한 신념이 있다면 일어나서 모든 사람에게 낙심하지 말라고 위로할 수 있는 사명이 있습니다.

둘째 도무지 살아날 가망이 없을 때는 복음을 전해야 합니다. 손양원 목사처럼 말입니다. 공산군에게 끌려가는 그 죽음의 행진을 하면서 손 목사는 이제 마지막이라는 것을 예감하고는 길을 가면서 힘없는 소리라도 예수 믿으라고 전했던 것을 기억합니다. 물론 공산군들은 그를 무자비하게 때렸습니다. 왜 죽는 자리에 끌려가면서 예수 믿으라고 자꾸 말했겠습니까? 신자는 소망이 있으면 소망을 일러 줄 의무가 있고, 소망이 없다면 예수 믿고 구원받으라고 전해야 될 의무가 있습니다.

바울은 사람들을 위로하기 위해 일어났습니다. 그 또한 광풍 가운데 여러 날을 고생하면서도 쇠사슬에 매인 채 조용히 앉아 깊은 기도생활을 했을 것이라 생각됩니다. 그때 바울은 아마도 예루살렘에서 체포되어 천부장의 병영 속에 갇혀 있을 때 주의 사자가 나타나서 하신 말씀을 기억했을 것입니다. 분명 천사가 나타나서 로마 가이사랴 앞에서 복음을 증거해야 될 것이라고 말씀하셨으니 이 길이 망하는 길은 아닐 것이라는 흔들리지 않는 믿음을 갖고 있었을 것입니다. 그러므로 그의 마음에는 공포가 없었습니다.

바울은 예루살렘에서 들었던 주님의 말씀만 붙들어도 공포에서 해방될 수 있었고, 많은 사람을 위로할 수 있었지만 자비로우신 주님이 또 한 번 그 배에 나타나셨습니다. 그러고는 "바울아 두려워 말라 네가 가이사 황제 앞에서 서야 하겠고, 또 하나님께서 너와 행선하는 자를 다 네게 주셨다"(27:24 참조)고 말씀해 주셨습니다. 바울은 주님이 주신 메시지를 가지고 가만히 앉아 있을 수가 없었습니다. 일어났습니다. 일어나서 모든 사람에게 하나님의 위로를 전했습니다. 바울은 그리고 폭풍을 만난 지 열나흘째 또 한 번 일어났습니다. 그때 상황은 열나흘이나 굶고 있는 상황이었습니다. 사람들은 이제 일어날 힘도 없었습니다. 그때 바울은 밀 볶은 것을 들고 하나님 앞에 감사를 드린 후 그것을 나누어 주면서 빨리 먹고 힘을 얻으라고 격려했습니다. 그리고 조금 지나면 우리가 다 구원을 받을 것이라고 말했습니다. 바울이 먼저 먹었습니다. 모든 사람이 그를 따라 먹었습니다. 실컷 배부르게 먹고는 남은 밀을 바다에 전부 던져 버리고 배를 가볍게 한 후 하나님이 주시는 구원을 기다렸습니다.

🔊 바울의 행동을 한번 상상해 봅시다. 사색이 되어서 우는 사람들, 탄식하는 사람들, 죽은 것처럼 기진해서 의식을 잃어버린 사람들이 즐비한 상황에서 바울이 일어나 하나님의 메시지를 전하고, 일어나서 손에 밀을 가지고 하나님 앞에 감사기도 하고, 모든 사람 앞에서 먹고 또 먹으라고 권하는 바울의 모습을 한번 생각해 봅시다. 배의 리더십이 완전히 바뀌었습니다. 선장도 바울이요, 선주도 바울이요, 백부장도 바울이었습니다. 바울 외에는 아무도 리더가 없었습니다. 율리오도 바울의 명령대로 움직였고, 선주와 선장은 어디로 가 버렸는지 흔적조차 없습니다. 바울이 모든 여건을 다 지배하게 되었습니다.

절망한 이들을 이끌다

그리스도인은 위기에 강합니다. 바울처럼 말입니다. 평안하고 형통할 때 항상 큰소리 치다가 어려움이 오고 곤고한 때가 되면 한마디도 못 하는 사람은 신앙인이 아닙니다. 그것은 믿음이 아닙니다. 어려울 때 모든 사람을 위로할 수 있고 어두운 환경을 밝게 만들 수 있는 영적 리더가 진정한 그리스도인입니다. 많은 사람이 절망하고 누워 버릴 때 그리스도인은 일어나서 큰 소리로 그들을 불러 일으켜야 합니다. 그리스도인들에게는 이와 같은 때가 있습니다. 일할 때가 있고, 말할 때가 있고, 그 능력을 나타낼 때가 있습니다. 그때를 위해서 우리 모두는 준비해야 합니다

"내게 능력 주시는 자 안에서 내가 모든 것을 할 수 있느니라"(빌 4:13).

바울은 무서운 조난을 당하는 그 어려움을 겪으면서도 하나님의 사람답게 평화와 영력, 권위를 잃지 않고 모든 사람을 위로하며 그들을 이끌었습니다. 진정한 리더의 모습을 그를 통해 봅니다. 큰 소리 치던 백부장과 선장, 선주가 다 입을 다물어 버렸을 때 믿음의 사람 바울은 꼭 다물었던 입을 열었습니다. 믿음의 사람은 모든 사람이 형통할 때, 의기양양할 때에는 멸시받을지 모르지만, 어느 누구도 일어나지 못하는 어려운 환경에서는 놀랍게 쓰임 받는다는 것을 바울을 통해 분명히 볼 수 있습니다. 이 놀라운 리더십을 오늘날 우리 모두에게도 하나님께서 주시기를 기도합니다.

사도행전 28장

85 멜리데섬에서 전도하다

이 섬에서 가장 높은 사람 보블리오라 하는 이가 그 근처에 토지가 있는지라
그가 우리를 영접하여 사흘이나 친절히 머물게 하더니
보블리오의 부친이 열병과 이질에 걸려 누워 있거늘
바울이 들어가서 기도하고 그에게 안수하여 낫게 하매
이러므로 섬 가운데 다른 병든 사람들이 와서 고침을 받고

_ 사도행전 28:7-9

로마에 더 가까이

사도행전의 마지막 장입니다. 이 마지막 장에 기록된 바울의 감동적인 이야기들을 통해 우리 자신이 무엇을 일깨울 수 있는가를 마음 깊이 정리해 보았으면 합니다.

바울 일행이 두 주 동안 무서운 폭풍에서 구사일생으로 구조된 곳은 멜리데라는 섬입니다. 지도상에서 이탈리아 반도 밑에 시실리가 가로누워 있고 그 시실리 아래 아주 조그마한 섬 하나가 있는데 바로 그곳이 멜리데라는 곳이었습니다. 웬만한 지도에는

나타나지 않을 정도로 작은 섬으로 현대 이름은 몰타라고 합니다. 오늘날엔 군사적인 요충지로 영국이 약 150년 동안 소유하고 있었던 것으로 알고 있습니다.

배에 있던 사람들은 어느 방향으로 배가 흘러가는지 전혀 모르고 있다가 상륙하고서야 멜리데라는 것을 알았습니다. 물론 당시 선원들이 멜리데를 몰랐을 리는 없습니다. 아마도 배가 파도 속에서 방향 감각을 잃은 데다가 좌초해서 닿은 곳이 항구가 아닌 멜리데 섬의 엉뚱한 방향이었던 게 틀림없습니다. 그래서 처음엔 어디에 도착했는지 알지 못하다가 나중에 사람들에게 물어 멜리데라는 것을 알게 된 것입니다. 지도를 보면 멜리데는 최종 목적지인 로마의 코밑에 있는 섬입니다. 원래 바울이 탄 배가 가려고 했던 길은 터키 지역에서 지중해 중간 지역을 건너 이탈리아 반도를 돌아 넘어가는 제일 무서운 길, 제일 멀고 험한 길이었습니다. 게다가 계절이 겨울이어서 배가 전혀 다니지 못하고 있는 실정이었습니다. 그러나 멜리데에서는 기후만 좋으면 로마까지 불과 며칠 사이에 갈 수 있는 거리였습니다.

참 재미있는 사실은 풍랑이 배를 몰아붙이면 아프리카 쪽으로도 갈 수가 있었고, 스페인 쪽으로 밀려갈 수도 있었고, 팔레스타인 쪽으로 도로 돌아갈 수도 있는 상황이었지만, 하나님께서 얼마나 묘하게 키를 잡고 움직이셨는지 마치 태풍이라는 날개를 배에 달아 매시고는 감히 건너지 못하리라고 심히 걱정하던 지중해 중간 그 큰 바다를 훌쩍 건너게 하시고 로마 코밑에까지 갖다 놓으신 것입니다. 이 부분에서 톱레이디(A. M. Toplady) 목사가 쓴 '고요한 바다로'라는 찬송이 생각납니다. 그 찬양의 2절 가사 '큰 물결이 일어나 나 쉬지 못하나, 이 풍랑 인연하여서 더 빨리 갑니다'라는 구절이 바울의 사건에서 더욱 강하게 다가옵니다. 물론 찬양 가사의 내용은 세상의 풍파가 많을수록 하나님 나라에 더 빨리 간다는 의미를 담고 있지만 바울의 이 기사와 놓고 비교해 보면 일맥상통하는 데가 있습니다.

🔊 풍랑은 바울의 진로를 바꿔 놓을 수 없었습니다. 또한 하나님을 바라보며 가졌던 바울의 꿈과 마음의 소원을 조금도 흐트러 놓을 수 없었습니다. 오히려 바울이 하고자 하는 일을 더 잘 되게 밀어 주는, 뒤에서 부는 바람 역할을 했습니다. 우리의 삶도 마찬가지입니다. 특별히 신앙생활에서 그렇습니다. 어려움은 손해를 주지 못합니다. 경제적으로 손해 보고 육신적으로 고달픈 삶이 찾아올지 모르지만 영적으로 볼 때 하나님 안에서는 절대로 어려움이 없습니다.

풍랑 속에서 빛난 바울의 영권

바울은 분명 풍랑 속에서 몹시 시달렸습니다. 그도 인간인데 얼마나 고통스러웠겠습니까? 그러나 성경은 육체의 고통은 영적으로 얻는 축복에 비하면 비교가 안 된다고 가르쳐 주고 있습니다. 우리가 현세에 당하는 고통은 장차 우리에게 나타날 영광과는 족히 비교할 수 없다고 성경은 말하고 있습니다. 그것은 오늘 현실과 장차 나타날 하나님 나라의 모든 것을 비교하는 것으로, 영과 육에서도 꼭 같습니다.

육적으로 고통스럽고 부족하고 초라할지 모릅니다. 그러나 내가 당하는 풍랑 때문에 육체가 겪는 고통은 그 풍랑 속에서 얻는 영적인 축복에 비하면 비교할 것이 못 됩니다. 바울의 경우를 보십시오. 생사를 가릴 수 없는 풍랑 속에서 죽음을 재촉하는 무서운 파도에 밀려 어디를 가고 있는지 전혀 알 수 없는 그 암담한 상황에서도 "담대하라 무서워 말라 네가 반드시 가이사랴 앞에 서리라" 하는 음성을 들었을 때 바울의 마음에 넘쳤을 기쁨과 능력을 한번 상상해 봅시다. 세상에 무엇을 그 기쁨과 비교할 수 있겠습니까?

저는 분명히 말할 수 있습니다. 너무 육신적으로 호화롭고 평안한 나머지 사망의 음침한 골짜기를 걸을 때에만 들을 수 있는 주님의 음성을 듣지 못하게 된다면 어떤 면에서는 육신의 평안이 불행이라고 말입니다. 사망의 음침한 골짜기에서 내가 살 소망이 없을 것 같은 어려움을 느낄 때 주님이 찾아오셔서 지팡이와 막대기로 나를 안위하시고 나를 붙드시고 나에게 위로하시고 힘을 주시는 그 음성을 듣는 재미, 이것이 너무 크기 때문에 어떤 때에는 주님께서 사랑하시는 자에게 생각지도 않는 고통을 더하실 때가 있습니다. 하나님의 그 뜻을 우리가 이해한다면 잠깐 잠깐 불어오는 태풍 때문에 그렇게 흔들리고 괴로워하지는 않을 것입니다. 엄청난 하나님의 은혜를 모르기 때문에 우리의 마음에 자주 동요가 일어나는 것입니다.

바울이 풍랑 속에서 받은 영적 은혜는 무엇입니까? 배를 함께 타고 있던 바울을 제외한 275명, 그들 중에 아리스다고와 누가를 뺀 나머지 예수 안 믿는 270여 명의 사람들의 영혼을 마치 손바닥에 올려놓은 것처럼 다룰 수 있었던 시간을 한번 생각해 보십시오.

폭풍이 없었다면 바울의 그 놀라운 영권이 어떻게 드러날 수 있었을까요? 모든 사람이 공포에 떨 때 하나님의 사람이 지니는 능력이 어떻게 드러날 수 있었을까요? 영적 태풍이 없으면 경험할 수 없는 일입니다.

백부장 율리오의 감화

바울이 경험한 조난 사건에서 한 가지 장면을 상상해 볼 수 있습니다. 어디까지나 추측입니다. 바울이 풍랑 속에서 또 하나 특별히 영적으로 받은 은혜가 있다면 율리오의 감화였다고 생각합니다. 원래 그 배의 통수권자는 백부장 율리오였습니다. 그러나 풍랑이 일면서부터 통수권은 바울에게로 넘어오지 않았습니까? 그때 겁에 질려 있는 율리오가 바울의 모습을 바라보면서 무슨 생각을 했을까요?

그 사건 이후 율리오는 모든 면에서 바울을 배려했으리라는 것을 우리는 쉽게 짐작할 수 있지 않을까요. 배가 도착할 때마다 바울을 쉬게 하고, 친구들을 만나게 하는 등 계속 호의를 베풀었던 것을 보면 알 수 있습니다. 로마의 감옥에서도 바울은 특별 대우를 받았습니다. 분명히 그를 호위해 온 율리오가 뒤에서 상당한 역할을 했으리라는 것은 부인할 수 없는 사실로 보입니다. 비록 성경에는 율리오가 예수 믿고 돌아왔다는 얘기는 없고, 빌립보의 간수처럼 엎드려 "형제여, 내가 어떻게 하면 구원을 얻으리이까"라고 고백했다는 것도 기록도 없지만, 기록이 없다고 해서 율리오가 예수를 전혀 믿지 않았다든지 율리오가 바울을 통해 전혀 감화를 받지 않았다고 누가 말할 수 있겠습니까?.

성경에는 기록하고 있지 않은 것이 많습니다. 바울은 멜리데에서 3개월 동안 머물러 있었습니다. 3개월 동안 있으면서 병 고치고 여러 가지 이적 기사를 행했지만 바울이 멜리데를 떠날 때까지 그 섬에서 예수 믿게 된 사람이 있었다는 기록은 성경에 없습니다. 또 멜리데에서 바울이 교회를 개척했다는 말도 없습니다. 또 멜리데에서 바울이 복음을 전했다는 기록도 없습니다. 병 고쳤다는 것으로만 일관하고 있습니다. 그러나 성경에 기록되지 않았다고 해서 바울이 그곳에서 복음을 전하지 않았다고 말할 수 있을까요? 성경에 기록되지 않았다고 해서 멜리데에 예수 믿는 사람이 하나도 없었다고 말할 수 있을까요? 율리오는 아마도 나중에 하나님의 섭리 아래 바울로부터 복음을 들었을 것이 분명하고, 후대에 교회를 위해서, 로마의 교회를 위해서 어떤 기여를 했을 것입니다.

그러면 만약 우리의 추측이 사실이라고 한다면 이 거만하고 어떤 면에서는 절대로 남에게 타협하지 않았던 백부장 율리오의 마음을 움직일 수 있었던 계기가 언제 찾아왔을까요? 태풍 속에서였습니다. 이것은 바울이 받은 놀라운 영적 특권이었습니다. 우리가 가정에서도 다른 식구들에게 감화를 줄 때가 언제입니까? 만사가 잘될 때입니까? 평안할 때입니까? 평안할 때야 누구나 다 좋아하고 누구나 다 행복해합니다. 그리스도인들이 남에게 감화를 줄 수 있는 때는 어려움과 고통을 당할 때입니다. 그때 믿음 좋은 아내가 남편을 감화시킬 수 있고, 고통 속에서 기도하는 어머니가 신앙을 저버린 아들의 마음을 녹일 수가 있습니다. 어려움 속에서만 가능한 일입니다. 이런 영적인 특권과 은혜는 평안할 때는 경험할 수 없습니다.

그러므로 지금 여러 가지 어려운 문제가 있습니까? 육신이 고달픕니까? 그렇다면 영적으로 계속해서 은혜를 받고 있다는 것을 확신합시다. 세상의 그 어떤 것으로도 값을 매길 수 없는 하나님의 은혜를 받고 있다고 분명히 믿읍시다. 내 뜻대로 뭐가 안 된다고 해서 영적으로 아무 것도 얻는 것이 없다고 생각하는 것은 모든 것이 합력하여 선을 이루게 하시는 하나님의 말씀을 믿지 않는 태도입니다. 하나님은 거짓말하지 않으십니다.

마가복음 16장 18절의 약속

멜리데섬에 밀려온 사람들은 풍랑으로 지친 몸과 마음을 녹이려고 했는지, 아니면 날이 추웠기 때문인지 모닥불을 피웠습니다. 겨울이라 해도 사실 지중해 기후라 우리나라처럼 춥지는 않았을 텐데 하여간 불을 피웠습니다. 원주민들이 잘라 말려 놓은 나무를 주워다가 불에 넣으면서 옷도 말리고 추위를 면하려고 다들 둘러 있었습니다. 그때 바울도 아마 봉사를 한 것 같습니다. 둘러선 사람들을 좀 더 따뜻하게 해주기 위해 나뭇단을 들고 와서 불에 넣는데 어떤 일이 벌어졌나요? 나뭇단에서 뱀이 나와 바울의 손을 물었습니다. 동면하고 있던 뱀이 뜨거운 불길에 놀라 바울의 손을 문 것입니다. 바울은 뱀을 불 속에 떨어 버렸습니다. 그 모습을 본 원주민들은 퉁퉁 부어 금방이라도 죽을 것으로 생각했지만 바울에게는 어떠한 증상도 나타나지 않았습니다. 뱀을 집어올리며 무슨 독을 마실지라도 해를 받지 아니할 것(막 16:18 참조)이라는 예수님의 약속이 바울에게 그대로 응답된 놀라운 순간이었습니다.

"또 이르시되 너희는 온 천하에 다니며 만민에게 복음을 전파하라" (막 16:15).

예수님이 주신 약속의 말씀을 정확하게 이해하기 위해서는 그 앞절인 15절을 살펴야 합니다. 특별히 "뱀을 집으며 무슨 독을 마실지라도 해를 받지 않는다"는 약속은 만민에게 복음을 전하는 특별한 사역을 감당하는 사람들에게 주신 약속입니다. 바울에게 일어났던 이와 같은 사건은 오늘날 선교사들에게도 일어나고 있습니다. 아프리카 선교사들에게 자주 일어나고 있다는 기록을 본 일이 있습니다. 밀림지대를 다니면서 선교하다 보면 살모사나 코브라에게 물리는 경우가 있는데 코브라에게 몸의 중요한 부분이 물렸는데도 살아나는 선교사들이 종종 있다고 합니다. 복음을 들고 주님을 위해 일하는 그런 분들에게 이 말씀은 정말 현실로 다가온다고 합니다.

앞선 복음의 물결

멜리데에서 두 주 동안 머무르고 난 뒤 바울의 행로를 살펴봅시다. 바울은 멜리데를 떠나 시실리아에 있는 제1의 항구도시 수

라구사에 도착해 그곳에서 사흘간 있다가 이탈리아 반도 제일 남단에 있는 항구도시 레기온에 갔습니다. 바울은 또다시 그곳을 떠나 남풍이 부는 때를 맞추어 순항을 하며 오늘날의 나폴리 지역인 보디올에 도착했습니다. 여기서 드디어 그 지루했던 해상여행은 끝이 납니다. 바울은 이곳에서부터 약 70마일 떨어진 로마까지 육로로 여행을 하게 됩니다.

"거기서 형제들을 만나 그들의 청함을 받아 이레를 함께 머무니라 그래서 우리는 이와 같이 로마로 가니라 그곳 형제들이 우리 소식을 듣고 압비오 광장과 트레이스 타베르네까지 맞으러 오니 바울이 그들을 보고 하나님께 감사하고 담대한 마음을 얻으니라"(28:14-15).

바울은 로마로 가는 길목마다 형제들의 뜨거운 영접을 받았습니다. 보디올에 내려서도, 로마로부터 43마일 거리에 있는 압비오 도로에서도, 또 거기서 10마일 떨어진 트레이스 타베르네 거리에서도 형제들이 나와 바울을 영접했습니다. 바울은 로마로 가는 길목마다 형제들을 만나면서 하나님께 감사하고 담대한 마음을 얻었다고 고백했습니다.

육로를 따라 지척에 놓인 로마를 향해 가는 바울과 그를 영접하러 나온 많은 형제들을 보며 느끼는 것이 있습니다. 첫째로 복음이 얼마나 빨리 전파되고 있었는가 하는 점입니다. 바울은 이탈리아에 처음 왔지만 복음은 이미 바울보다 먼저 와 있었고, 뿐만 아니라 벌써 뿌리를 내리고 열매를 맺고 있었습니다. 그랬기 때문에 바울이 오기 전에 예수 믿는 사람들이 바울을 기다리고 있었고,

가는 곳마다 바울을 영접하는 사람들이 있었던 것입니다. 복음을 막을 자는 없습니다. 오늘도 우리가 잠자고 있는 사이에 복음은 끊임없이 세계를 향해 힘있게 달리고 있습니다. 얼마나 복음이 힘 있고 빠르게 전파되고 있는지요. 이렇게 복음이 빨리 전파되고 있음에도 복음에 관심 없이 영적으로 잠을 자고 있는 사람들은 훗날 주님 앞에 섰을 때 그 부끄러움을 어떻게 면할 수가 있을까요?

또 하나 배울 수 있는 것은 참다운 하나님의 자녀는 복음을 위해 쇠고랑을 차고 있는 사람을 만나는 것을 절대 부끄러워하지 않는다는 것입니다. 바울은 쇠사슬을 차고 있는 죄수의 신분이었습니다. 그런데도 보디올에 내렸을 때 바울이 왔다는 말을 들은 형제들은 쇠고랑을 찬 사람을 데리고 가서 일주일 동안 대접했습니다.

"혹은 비방과 환난으로써 사람에게 구경거리가 되고 혹은 이런 형편에 있는 자들과 사귀는 자가 되었으니"(히 10:33).

바울이 로마로 향할 때 또 얼마나 많은 사람에게 구경거리가 되었겠습니까? 거리에는 군인들의 호위 가운데 쇠고랑을 찬 죄수들이 줄줄이 끌려 가는 광경을 구경하는 사람들로 가득했을 것입니다. 그러나 히브리서의 말씀처럼 로마에 있는 신자들과 보디올에 있는 신자들은 바울이 쇠고랑 찬 것을 조금도 부끄러워하지 않았습니다. 그들은 바울을 영접하고 함께 길을 걸으면서 주 예수 그리스도가 주신 은혜를 감사하며 장차 로마에 들어가서 복음을 들고 일할 꿈에 부풀어 있었습니다.

사람을 통해 주신 위로

　　하나님의 위로는 때때로 사람을 통해 찾아옵니다. 바울 또한 그를 맞이하고 영접하는 사람들을 만나 위로와 담대한 마음을 얻었습니다. 로마로 향해 가는 바울은 한편으로는 굉장히 착잡하고 불안했을 것입니다. 그런 그에게 하나님이 주시는 능력과 위로가 사랑하는 형제들을 통해 임했습니다.

　　로마로 첫걸음을 내딛는 바울을 형제들을 통해 위로하신 하나님은 오늘도 성도들을 통해 슬픔에 젖어 있는 수많은 사람이 위로받기를 바라십니다. 꿈을 하나 꾸었으면 합니다. 쇠고랑 소리가 쩔렁쩔렁 나는 것에 구애받지 않고 형제들과 함께 손을 잡고 로마를 향해 갔던 바울의 꿈을 꿉시다. 바울의 그 모습을 구경하던 사람들 중에 어느 누구도 장차 로마가 저 초라한 죄수 밑에 무릎을 꿇을 것이라고는 상상하지 못했습니다. 그 초라한 한 사람 앞에 로마 제국이 굴복하고 나중에는 남녀노소 불문하고 목에 십자가를 걸고 다니는 나라로 바뀌리라고 아무도 상상하지 못했습니다.

　　하나님의 능력, 복음의 역사, 로마를 향해 걸어갔던 바울을 생각하면 가슴이 뜁니다. 주님은 오늘도 바울과 같은 사람을 찾고 있습니다. 여러분의 로마는 어딥니까? 여러분이 걸어가고 있는 곳은 어디입니까? 바울의 이 모습을 이어받을 수 있는 교회들이 되기를 바랍니다. 사탄은 바울의 발에 쇠사슬을 채웠다고 해서 안심했는지 모르지만, 하나님의 역사는 절대로 사탄에게 묶이지 않습니다.

86 로마에 울려 퍼진 복음의 나팔

바울이 온 이태를 자기 셋집에 머물면서 자기에게 오는 사람을 다 영접하고
하나님의 나라를 전파하며 주 예수 그리스도에 관한 모든 것을
담대하게 거침없이 가르치더라
_ 사도행전 28:30-31

복음의 진보가 된 고난

바울이 드디어 로마에 도착했습니다. 비록 죄수의 몸으로 들어왔지만 하나님께서는 그를 통하여 놀라운 역사를 이루실 준비를 하고 계셨습니다.

드디어 국제도시 로마에서 복음의 나팔이 울려 퍼지기 시작했습니다. 그러나 이 복음의 나팔은 자유롭게 다닐 수 있는 사람이 아닌 형틀에 매여 있는 사람이요, 울타리 안에서 나올 수 없는 사람의 손에 들려 있었습니다. 사람의 판단으로는 복음을 전하기

에 적합하지 않은 사람이었지만, 우리는 여기서 다시 한 번 하나님의 지혜의 부요함을 보게 됩니다. 사람이 보기에는 대단히 미련한 것같이 보이지만 이것이 하나님의 지혜가 될 줄을 누가 알았겠습니까?

"형제들아 내가 당한 일이 도리어 복음 전파에 진전이 된 줄을 너희가 알기를 원하노라 이러므로 나의 매임이 그리스도 안에서 모든 시위대 안과 그 밖의 모든 사람에게 나타났으니 형제 중 다수가 나의 매임으로 말미암아 주 안에서 신뢰함으로 겁 없이 하나님의 말씀을 더욱 담대히 전하게 되었느니라"(빌 1:12-14).

우리는 이런 하나님의 지혜를 자주 보지 못할 때가 많습니다. 역사를 보아도 그랬던 것을 봅니다. 목회를 할 때도 마찬가지입니다. 사람들이 볼 때 이런 자격, 저런 자격 다 구비해야 목사가 될 수 있고, 하나님이 크게 쓰실 것이라고 생각하지만, 어떤 때는 사람이 보기에 아무것도 아닌 사람이 하나님의 손에 쓰일 때가 있습니다. 하나님의 지혜입니다. 하나님께서는 사람들 보기에 전혀 가능하지 않는 것을 통해 자주 일하셨던 것을 우리는 역사적인 일들을 통해서 수없이 보아 왔습니다.

하나님은 무식한 사람을 통해서도 일하십니다. 하나님의 역사는 나이 많은 사람을 통해서도 일어납니다. 사람이 보기에 전혀 능력이 없는데도 분명히 하나님이 일하실 때가 있습니다. 이것을 간과하는 사람이라면 하나님이 누구이신가를 아직도 모르고 있는 것입니다. 하나님께서 바울과 같은 존재를 들어 로마 제국을 정복하리라고 누가 생각했겠습니까? 하나님의 지혜입니다. 그러므로 하나님의 일을 인간의 기준에 놓고 함부로 판단하지 말기를 바랍니다. 특히 교회 안에서 학벌, 경력을 믿고 큰일 하겠다고 생각을 한다거나, 많이 배우지 못한 사람을 무시하면 절대 안 됩니다. 하나님께서는 사람의 조건을 중요하게 다루시지 않습니다. 인간이 보기에는 어리석음이 하나님께는 지혜가 될 수 있습니다.

동족을 위하여

바울이 감옥에 있으면서 전도를 위해 제일 먼저 접근한 사람은 역시 유대인이었습니다.

"사흘 후에 바울이 유대인 중 높은 사람들을 청하여 그들이 모인 후에 이르되 여러분 형제들아 내가 이스라엘 백성이나 우리 조상의 관습을 배척한 일이 없는데 예루살렘에서 로마인의 손에 죄수로 내준 바 되었으니"(28:17).

이 말씀을 통해 바울의 그 깊은 중심에 또다시 충격을 받습니다. 바울이 다메섹 도상에서 예수 그리스도를 만난 다음 복음의 사자가 되어 예수 그리스도를 위해 지금까지 고생을 하지 않았습니까? 그 시간을 합하면 약 50년입니다. 로마까지 오는 데 약 50년, 반세기가 지난 것입니다. 그동안 바울이 당한 환란과 고통은 이루 말할 수가 없었습니다. 그는 쫓기며 위협을 당하고 있었고, 바로 내일 어떻게 될지 전혀 예측할 수 없는 삶을 살았습니다. 바울이 당한 그 고통의 중심에는 항상 유대인이 있었습니다. 그가 받은 환난과 고통의 90퍼센트 이상은 자기 동족에게 당한 수모요, 어려움이었습니다. 쇠고랑을 차고 로마로 들어오게 된 것도 유대인 때문이었습니다. 로마인들은 바울에게서 죄를 찾을 수 없어 놓아 주려고 했지만 유대인들이 오히려 그것을 막았습니다.

그는 마지막까지 유대인들에게 시달리며 고통을 당합니다. 어떤 면에서 바울의 원수는 자기 동족이었습니다. 원수라도 그런 원수가 없을 것입니다. 해를 끼쳐도 한두 번이지 50년 동안 끝까지 물고 늘어지는 그런 원수였습니다. 누구라도 바울의 입장에 있었다면 유대인들에게 복음을 전하고 싶은 마음은 다 사라진 지 오래였을 것입니다. 뭐가 애타는 마음이 있어 그들에게 복음을 전하려고 하겠습니까? 그러나 바울은 달랐습니다. 그래서 로마에서 보여 준 바울의 행동은 놀랍고 충격적인 것이었습니다. 로마서 9장에서 바울이 고백한 그 말이 절대 거짓말이 아니라는 것을 그는 그의 행동을 통해 보여 준 것입니다.

"내가 그리스도 안에서 참말을 하고 거짓말을 아니하노라 나에게 큰 근심이 있는 것과 마음에 그치지 않는 고통이 있는 것을 내 양심이 성령 안에서 나와 더불어 증언하노니 나의 형제 곧 골육의 친척을 위하여 내 자신이 저주를 받아 그리스도에게서 끊어질지라도 원하는 바로라"(롬 9:1-3).

정말 바울은 대단한 사람입니다. 그렇게 자기를 죽이려 하고,

끝까지 자신을 줄기차게 괴롭히던 동족을 위해 계속 마음의 고통을 안고 어떻게 하면 저들을 구할까 생각했다니 말입니다.

원수를 사랑하라고 하신 주님의 계명을 철저하게 지킨 사람이 있다면 바울이 아닐까 생각합니다. 바울만큼 원수를 사랑한 사람은 없는 것 같습니다. 우리 모두 가슴에 손을 얹고 조용히 생각해 보았으면 합니다. 우리의 전도가 원수에게도 미치고 있습니까? 내가 좋아하는 사람만 가려가면서 전도하고, 내가 미워하는 사람, 내 마음에 한이 맺히게 한 사람은 가급적이면 보지 않으려고 하는 마음을 갖고 살지는 않습니까? 그런데 복음의 정신은 그렇지 않다고 말합니다.

바울처럼 할 수 있을까요? 성령께서 우리 각자의 마음속에 가책을 주셨으면 합니다. 입으로는 주님의 사랑을 증거하면서도 마음으로는 무서운 저주를 품고 있지는 않습니까? 바울을 보며 우리는 아직도 갈 길이 멀다는 것을 깨닫습니다. 겉으로는 전도 잘하는 것 같고, 겉으로는 많은 영혼을 위해 기도하는 것 같지만 바울의 수준까지 이르려면 아직 멀었습니다. 우리의 부족한 부분을 주님이 채워 주시기를 기도합시다. 원수까지도, 미워하는 사람까지도 전도할 수 있는 마음을 달라고 기도합시다.

만나지 못한 두 개의 강

로마에서 바울은 전도의 첫 대상인 유대인들을 데리고 몹시 씨름을 했지만 결국 그 전도는 실패로 끝나고 말았습니다. 그가 얼마나 애를 많이 썼습니까? 먼저 바울은 유대인들에게 하나님의 말씀을 가르치기 위해 날짜를 정해 놓고 정기 모임을 가졌던 것 같습니다. 그래서 유대에서 명성이 있다고 하는 사람들이 정한 시간에 다 모여 아침부터 저녁까지 구약성경을 내어 놓고 나사렛 예수 그리스도가 과연 구약에서 말씀하는 메시아냐, 아니냐를 가지고 토론을 했습니다. 바울의 노력에도 불구하고 몇 사람을 제외한 대부분은 믿지 않고 그대로 등을 돌리고 만 것을 봅니다. 믿지 않고 돌아가는 그들을 향해 바울은 이사야서의 예언을 다시 한 번 반복했습니다.

"여호와께서 이르시되 가서 이 백성에게 이르기를 너희가 듣기는 들어도 깨닫지 못할 것이요 보기는 보아도 알지 못하리라 하여 이 백성의 마음을 둔하게 하며 그들의 귀가 막히고 그들의 눈이 감기게 하라 염려하건대 그들이 눈으로 보고 귀로 듣고 마음으로 깨닫고 다시 돌아와 고침을 받을까 하노라 하시기로"(사 6:9-10).

바울이 이사야의 예언을 언급한 것은 유대인들이 완악하고 돌아오지 않는 데는 하나님의 어떤 뜻이 그 배후에 작용하고 있다는 것을 설명하고 있는 것입니다. 동시에 이스라엘 백성들은 앞으로 잘 돌아오지 않을 것을 선언하고 있는 것입니다. 바울은 결국 로마에서 이사야의 예언이 또 한 번 성취되는 것을 보게 됩니다.

"그러므로 내가 말하노니 그들이 넘어지기까지 실족하였느냐 그럴 수 없느니라 그들이 넘어짐으로 구원이 이방인에게 이르러 이스라엘로 시기나게 함이니라"(롬 11:11).

　　사도행전 전체를 보면 두 가지 흐름이 있습니다. 두 개의 강이 흐르고 있습니다. 하나는 예수를 전하지만 끝까지 받아들이지 않는 유대인들의 강입니다. 예루살렘에서 시작해서 로마까지 유대인들이 보여 주는 불신앙의 강이 흐르고 있습니다. 또 하나의 강은 예수 믿고 돌아와서 하나님의 자녀가 되는 이방인들의 강입니다. 믿음의 강입니다. 이 두 개의 강은 끝내 합해지지 않았습니다. 사도행전에서 계속 불연속선이 되어서 흘렀습니다. 그렇게 로마까지 흘렀습니다. 여기에는 분명 하나님의 어떤 뜻이 있습니다. 하나님께서는 유대인들의 완악함을 통해 복음이 이방에 넘어가도록 하신 것입니다. 유대인들이 복음을 듣지 않아서 오히려 이방인들이 복음을 받아들이는 계기가 마련되었습니다. 또 유대인들의 실패가 이방인들에게 승리가 되도록 하나님께서 은혜를 주셨습니다. 하나님께서 이방인을 구원하시기 위해 유대인을 잠깐 옆으로 제쳐 놓았다고도 볼 수 있습니다.

　　그러나 언젠가는 두 강이 하나로 합쳐지는 날이 옵니다. 유대인들도 남은 자는 돌아올 것입니다. 구원받은 이방인들이 유대인과 한 형제가 될 것입니다. 마침내 하나의 강이 유유히 흐를 것입니다. 그것이 언제인지는 알 수 없습니다. 아직은 유대인들이 돌아오고 있지 않기 때문입니다. 예수 그리스도 안에서 하늘과 땅에 있는 모든 것이 하나 되는 그날, 하나님께서는 유대인 중에 택함 받은 남은 자들을 불러서 우리와 하나의 강을 이루어 하나님 앞에 영광 돌리게 하실 것입니다.

꿈을 꾸며 열정을 품다

유대인 전도에 실패한 바울은 이방인들에게 복음을 전하기 시작합니다. 2년 동안이나 그들에게 복음을 전했습니다.

"바울이 온 이태를 자기 셋집에 머물면서 자기에게 오는 사람을 다 영접하고"(28:30).

셋집이라는 말에서 알 수 있듯 바울의 형편이 달라졌습니다. 이것은 형무소를 떠나서 살았다는 의미가 아니라 형무소 구역 안에서 특별히 방세를 지불하면서 독처할 수 있는 특혜가 주어졌다는 뜻으로 보입니다. 아마도 감옥보다는 좀 나은 환경이리라 생각됩니다. 바울은 석방되기 전까지 이 셋집에서 2년 동안 살았습니다. 죄인의 신분이라 항상 군인이 함께 있었지만 다른 형제들이 출입하는 데는 전혀 지장이 없었던 것으로 보입니다.

셋집에 사는 동안 바울은 자기에게 주어진 기회를 최대한 이용해서 많은 사람에게 복음을 전하려고 노력했습니다. 유대인들과 모였을 때처럼 정기적인 모임은 없었지만 오는 사람이 한 명이든, 두 명이든 만나는 사람들에게 항상 복음 전하는 생활을 했습니다. 바울의 이 사역은 거의 초인적인 사역이었다고 해도 과언이 아닙니다. 그의 나이가 벌써 50대 중반을 넘어가고 있었습니다. 사람을 만나고, 사람과 씨름하는 것만큼 피곤한 일은 없습니다. 하루종일 막연히 한담하는 것도 피곤한데, 캄캄한 영혼을 앞에 놓고 침이 마르도록 예수 그리스도를 전한다는 것은 보통 어려운 일이 아니었을 것입니다.

더욱이 죄수인 바울이 영양 보충을 하면 얼마나 했겠습니까? 게다가 몸의 가시로 건강상으로 항상 시달리던 바울에게 도대체 이 놀라운 초인적인 힘이 어디서 솟아났을까요? 또한 바울은 거기에 그치지 않고 옥중에 있는 2년 동안 옥중서신을 기록했습니다. 빌립보서, 에베소서, 골로새서, 빌레몬서를 바로 이때 썼습니다. 서신 가운데 로마서를 빼고는 에베소서만큼 심오한 진리도 없지 않습니까? 빌립보서만큼 우리의 마음을 뜨겁게 하는 것도 드물지 않습니까?

사람을 만나 전도하는 것도, 성경을 기록하는 것도 밤에는 못 했으리라고 봅니다. 당시는 등불 켜는 것이 얼마나 힘들었습니까? 불을 켜지 못하는 어두운 밤이 되면 아마도 바울은 자기 교회와 양 떼를 위해 눈물 흘리며 시간 가는 줄 모르고 기도했을 것입니다. 그러므로 바울은 낮 시간 동안 사람 만나서 정신 없이 전도하고, 틈 나는 대로 서신을 쓰고, 뿐만 아니라 제자들까지 지도했습니다. 바울은 자유의 몸이 아니었지만 자기에게 드나드는 충직한 제자들, 즉 아리스다고, 디모데, 두기고, 에바브로디도, 나중에는 마가, 요한까지 지도했습니다. 그리고 사령관이 되어 제자들을 다른 교회들로 보내며 복음의 작전을 펼쳤습니다.

땅끝까지 이를 복음

바울은 쇠사슬에 매여 있었지만 아침부터 저녁까지 정신 없이 일했습니다. 어디서 그런 열정과 힘이 나왔을까요? 그에 대한 답은 바로 '꿈'입니다. 바울이 초인적인 일을 할 수 있었던 것은 꿈이 있었기 때문입니다. 땅끝까지 주의 복음을 전하고자 하는 열정적인 꿈 말입니다. 바울은 그 꿈에 완전히 사로잡힌 사람이었습니다. 그래서 다른 것은 아무것도 눈에 들어오지 않았습니다.

꿈이라는 것은 사람을 강하게 만듭니다. 다른 것에 관심이 가지 않을 만큼 집중해서 몰입할 수 있는 꿈이 있다면 상상도 못할 힘이 납니다. 꿈의 위력은 대단합니다. 현대인들이 힘이 없는 이유는 이 꿈이 없기 때문입니다. 마음이 텅 비어 있습니다.

꿈이 있습니까? 혹시 더 넓은 아파트로 가는 게 꿈은 아닙니까? 아니면 돈을 좀 더 많이 버는 게 꿈입니까? 우리에게 있는 꿈은 무엇일까요? 가져야 할 꿈은 무엇일까요? 이 질문에 한목소리로 양심껏 대답할 수 있는 교회라면 굉장한 힘을 가진 교회입니다.

"하늘에 계신 우리 아버지여 이름이 거룩히 여김을 받으시오며 나라가 임하시오며 뜻이 하늘에서 이루어진 것 같이 땅에서도 이루어지이다…나라와 권세와 영광이 아버지께 영원히 있사옵나이다."

예수 믿는 우리에게 있는 꿈은 바로 이것입니다. 성령은 이런 꿈을 가진 사람의 가슴에 불을 붙여 줍니다. 그 꿈이 심지가 되어, 성령이 그 꿈의 횃불이 되어 활활 타오르게 될 것입니다. 그렇게 되면 다른 것은 눈에 들어오지 않습니다. 잘사는 것도, 성공하는 것도 눈에 들어오지 않습니다. 우리 모두 이렇게 다짐해 봅시다.

"장차 나타날 영원한 나라를 위해서 난 투자한다. 그것을 위해 난 살리라. 주 예수 그리스도의 영광과 복음을 위해 내가 죽으리라. 내가 직장생활을 해도 내 꿈은 이것이다. 내가 돈을 모아도 내 꿈은 이것이다. 내가 자녀를 키워도 내 꿈은 이것이다. 내가 건강하기를 바라는 것도 이것이다. 건강을 지키기 위해 노력하는 것도 주님 영광 위해서다."

끝나지 않은 사도들의 행진

사도행전의 마지막이 다음과 같은 말씀으로 마무리되어 있다는 것은 너무나 너무나 매력적입니다.

"하나님의 나라를 전파하며 주 예수 그리스도에 관한 모든 것을 담대하게 거침없이 가르치더라"(28:31).

매우 기가 막힌 말씀이 아닐 수 없습니다. 지난 2,000년을 돌이켜 보면, 복음을 막고자 시도한 사람은 많이 있었지만 그중 정말 복음을 막아낸 사람은 한 명도 없었습니다. 대한민국에 복음이 들어왔을 때도 마찬가지였습니다. 아무도 예수 전하는 사람을 막지 못했습니다. 그 입의 말을 금할 수가 없었습니다. 일본의 그 잔혹한 핍박도 그 입을 막지 못했습니다.

🔊 앞으로 주님 오실 때까지 핍박이 없을 것이라 장담할 수는 없습니다. 예수 믿는다는 이유로 끌어다가 죽이는 일이 결코 없을 것

이라고 장담할 수 없습니다. 그러나 주님의 복음을 금할 수는 없을 것입니다. 결국은 하나님이 이깁니다. 결국은 십자가가 승리합니다.

이제 사도행전의 마지막 장을 덮으려 합니다. 그러나 사도행전이 끝난 것은 아닙니다. 만약 사도행전이 끝났다면 "주 예수 그리스도의 이름으로 너희에게 문안하노니 평안히 잘 있으라"는 인사가 마지막 부분에 있었을 것입니다.

우리는 바울이 걸어간 그 길을 이어 달리며 오늘날의 사도행전을 써야 하는 주인공들이기도 합니다. 바울이 가졌던 꿈을 우리도 꾸며 그 놀라운 사역을 계승해야 하겠습니다.

땅끝까지 복음이 전파되어 예수 그리스도의 이름이 물이 바다 덮음 같이 온 천하에 넘치는 그날까지 하나님 나라를 위해 최선을 다합시다. 그러면 언젠가는 예루살렘과 온 유대와 사마리아와 땅끝까지 하나님 나라의 비전이 완성되는 날이 올 것입니다. 그때가 되어서야 사도행전은 비로소 "오! 주 예수여, 오시옵소서!"라는 말로 끝날 것입니다. 그 글은 바로 우리가 써야 합니다. 꿈을 가집시다. 사도행전의 꿈을 가집시다.

국제제자훈련원은 건강한 교회를 꿈꾸는 목회의 동반자로서 제자 삼는 사역을 중심으로 성경적 목회 모델을 제시함으로 세계 교회를 섬기는 전문 사역 기관입니다.

교회는 이긴다 3

초판 1쇄 인쇄 2012년 11월 15일
초판 1쇄 발행 2012년 11월 20일

지은이 옥한흠
펴낸이 오정현
펴낸곳 도서출판 국제제자훈련원

기획책임 김명호
편집 안영주 조지혜
디자인 고경원 정선형
구성 곽민정   **QR코드** 권오철
영업 김겸성 송상헌 박형은 심요한 오주영 김미정

등록번호 제22-1240호(1997년 12월 5일)
주소 서울시 서초구 서초 1동 1443-26 국제제자훈련원
전화 02-3489-4300   **팩스** 02-3489-4309
E-mail dmipress@sarang.org

Copyright ⓒ 옥한흠, 2012, *Printed in Korea.*

ISBN 978-89-5731-598-9 04230
      978-89-5731-595-8 04230(세트)

※가격은 뒤표지에 있습니다. 잘못된 책은 구입하신 곳에서 교환해 드립니다.